Ardeschyr Hagmaier

EASY! Living

D1729750

Ardeschyr Hagmaier

Living
Einfach einfacher leben

GABAL

Bibliografische Information der Deutschen Nationalbibliothek

Die Deutsche Nationalbibliothek verzeichnet diese Publikation
in der Deutschen Nationalbibliografie; detaillierte bibliografische
Informationen sind im Internet über http://dnb.d-nb.de abrufbar.

ISBN 978-3-86936-008-9

Lektorat: Susanne von Ahn, Hasloh
Umschlaggestaltung: Martin Zech Design, Bremen (www.martinzech.de)
Illustrationen: Timo Wuerz, Hamburg
Satz und Layout: Das Herstellungsbüro, Hamburg
(www.buch-herstellungsbuero.de)
Druck und Bindung: Salzland Druck, Staßfurt

www.gabal-verlag.de

Inhaltsverzeichnis

Vorwort

Jeder Mensch hat Kernkompetenzen, Gaben und Talente, die er entdecken und gezielt fördern sollte. Denn wenn wir uns auf den Ausbau unserer Stärken konzentrieren, bringt uns das wirklich nach vorne, trägt dies zuallererst zu unserer beruflichen und persönlichen Weiterentwicklung bei. Das ist für mich der wesentliche Punkt der EASY!-Norm.

Ich selbst zähle mich zu den kreativ-unkonventionellen Menschen. Innovatives Problemlösen, unbekannte Wege beschreiten, fernab der eingefahrenen Denkbahnen – das ist mein Lebenselixier. EASY! Living bestärkt mich darin, meine Stärken weiterzuentwickeln. Warum sollte ich mich damit quälen, meinen Tagesablauf in ein enges Zeitgerüst zu zwängen? Solange durch meine kreative Ader niemand geschädigt oder belästigt wird, ist es kontraproduktiv, dass ich mich zum Planungs- und Organisationsexperten entwickle. Die Kraft und Energie, die ich dafür ver(sch)wenden müsste, investiere ich lieber in die Entfaltung meiner wesentlichen Stärken. Allerdings gibt es eine Grenze: Wenn meine Spontaneität dazu führt, dass ich zum Meeting zu spät erscheine oder einen privaten Termin verpasse, also andere Menschen unter meinem Verhalten leiden, muss ich etwas ändern – und vielleicht doch noch mein Zeitmanagement verbessern.

EASY! Living erleichtert den Umgang mit anderen Menschen und mit sich selbst. Ich muss nicht den Tausendsassa spielen und anderen vormachen, ich könnte und beherrschte »alles«. Nein: Weil ich meine Talente und Begrenzungen kenne, kann ich nun gelassener und offener meine Schwächen artikulieren und zugeben. Das vereinfacht den Umgang mit anderen Menschen ungemein und wird vom Umfeld als Zeichen von Persönlichkeit wahrgenommen.

Einmal habe ich einem Bewerber, der unbedingt in den Verkauf wollte, geraten, sich seinem Talent entsprechend für eine Innendiensttätigkeit zu bewerben. Heute ist er in seinem Bereich »in seinem Element«, erfolgreich und glücklich.

EASY! bricht die Vorherrschaft des Komplexitätszwangs, es entmachtet sie geradezu und führt zu einer Entlastung. Und darum ist die EASY!-Norm eine integre Möglichkeit, intelligente Wege zur Vereinfachung zu finden und beengende und beschränkende Komplexität zu reduzieren. »Ein Bild sagt mehr als tausend Worte« – alle wahren Lebensweisheiten spiegeln diese Einfachheit, die zugleich ganz praktische Auswirkungen hat. Vereinfachung erleichtert unter anderem die zwischenmenschliche Begegnung.

Die Einstellung, die Persönlichkeit, die Sozialkompetenz und die Teamorientierung – das sind für mich die vier wichtigsten der zehn Lebens-Kompetenzen, die Ardeschyr Hagmaier beschreibt, wobei ich an der Teamorientierung in naher Zukunft arbeiten werde. Dabei weiß ich: Die Kompetenzerweiterung ist eine lebenslange Geschichte. EASY! Living wird von daher mein ständiger Begleiter auf meinem weiteren beruflichen und privaten Entwicklungsweg sein.

Gunther Otto, Gesellschafter
und Berater der Plansecur

Die EASY!-Norm
Eine Einführung

Tue das Naheliegende

Das Leben kann so einfach sein – wenn *Sie* es nur wollen! Das ist die einfache und doch so komplexe Wahrheit, die Sie in diesem Buch kennen lernen. Es geht darum, dass Sie das für *Sie* Wesentliche und Notwendige erkennen, das Überflüssige und nicht mehr Brauchbare aus Ihrem Leben entfernen. Machen Sie sich Ihr Leben leichter, indem Sie das tun, was Sie von Natur aus gut können.

Manche Menschen verzweifeln bei dem vergeblichen Versuch, sich etwas anzueignen, wofür sie gar nicht geschaffen sind. Der Schüchterne will zum Draufgänger mutieren. Der sachorientierte Zahlenmensch möchte unbedingt Beziehungskompetenz erwerben. Der flexible Tausendsassa will nicht länger als kreativer Chaot gelten, sondern endlich als zielstrebige Führungsautorität anerkannt werden. Warum so kompliziert, wenn es auch einfach geht? Wer sich zum Gegenteil dessen entwickeln möchte, was er ist, verbraucht unnütz Energie und kommt selten an sein Ziel.

Die EASY!-Norm besagt, dass Sie zunächst einmal die Talente, Fähigkeiten und Stärken verbessern, über die Sie bereits verfügen. Sie müssen darüber ja die andere Seite der Medaille nicht vergessen. Aber zuerst sollten Sie an Ihren Stärken arbeiten.

Das Leben ist ein Kleiderschrank

Wahrscheinlich stehen auch Sie immer wieder einmal vor Ihrem Kleiderschrank und sortieren aus: Sie überlegen, was Sie wegwerfen können, Sie entrümpeln und packen den Sack für die Altkleidersammlung. Übrig bleiben die Kleider, die Sie im Moment am dringendsten benötigen und die Ihnen am besten gefallen. Und an dieser Stelle sorgen Sie für

Nachschub: Für den Sommer kaufen Sie sich Sommerkleidung. Für den Winter muss ein neuer Mantel her. Ähnlich ist es in unserem Leben. Wir verfügen über zahlreiche Kompetenzen und Talente. Zu verschiedenen Zeitpunkten im Leben brauchen Sie unterschiedliche Kompetenzen, um Herausforderungen erfolgreich zu bewältigen. Und »erfolgreich« heißt immer: Sie tun das, was Sie sich wünschen und vom Leben erwarten. Die EASY!-Norm hilft Ihnen herauszufinden, welche Kleider – oder besser: welche Talente und Fähigkeiten – Sie zurzeit brauchen und unbedingt ausbauen sollten.

Weil einfach einfach einfacher ist

Wer sich auf das Wesentliche konzentriert und das Naheliegende tut, muss loslassen können. EASY! unterstützt Sie dabei, sich vom Überflüssigen zu trennen, damit Raum bleibt für die Entfaltung und Entwicklung der Talente, die für Sie wichtig sind, die Ihnen wichtig sind.

EASY! Living:
Entscheiden Sie sich für Ihre Herdplatten

»Das Leben ist ein Gasherd«

Eine Geschäftsfrau hat dem US-amerikanischen Schriftsteller David Sedaris einmal erzählt, dass das Leben für sie wie ein vierflammiger Gasherd sei. Die vier Flammen stünden für die Familie, die Freunde, die Arbeit und die Gesundheit. Um wirklich erfolgreich zu sein, müsse jeder Mensch zwei Flammen abdrehen. Die Geschäftsfrau hat entschieden, die Familie und die Gesundheit »abzustellen«, und konzentriert sich auf die Freunde und die Arbeit.

11

Jeder von uns muss sich entscheiden, was er oder sie aus dem Leben machen möchte. Aber ganz gleich, wofür Sie sich entscheiden: Machen Sie es sich einfach, indem Sie die zehn grundlegenden Lebens-Kompetenzen stärken – Lebens-Kompetenzen, die wohl jeder von uns braucht, um Ziele zu erreichen und umzusetzen.

Sie entscheiden über Ihr Leben

Es gibt viele Bücher und andere Ratgeber, in denen Sie erfahren, wie Sie Ihre Ziele erreichen. Oft ist dies nur unter Schmerzen möglich. Sie müssen sich verbiegen, Sie sollen sich verändern. Die EASY!-Norm verfolgt eine andere Philosophie, ein anderes Konzept: EASY! verlangt von Ihnen nicht, sich »auf Biegen und Brechen« zu verändern. EASY! möchte, dass Sie auf der Grundlage Ihrer Begabungen und Talente diejenigen Lebens-Kompetenzen erwerben und stärken, die Sie benötigen, um ein ausgefülltes Leben zu führen. Was ein »ausgefülltes Leben« ist, bestimmen Sie allein.

Wann Sie welche Herdplatte für wie lange an- oder ausstellen möchten, liegt in Ihrer Hand und Verantwortung. Ich möchte Ihnen raten, bei jeder (Lebens-)Entscheidung immer erst zu überlegen, wie Sie es sich möglichst einfach machen können. Damit möchte ich nicht einer bloßen Vereinfachung das Wort reden. Es geht bei EASY! nicht darum, Komplexität zu vermeiden oder zu reduzieren oder gar simpel zu denken und zu handeln. EASY! möchte einfach nur, dass Sie in Ihrem Lebens-Kleiderschrank immer diejenigen Kleider hängen haben, die Ihnen am besten und am ehesten helfen, Ihre Lebensziele umzusetzen. EASY! bietet Unterstützung bei der Entscheidung, welche Herdplatten heute, morgen und übermorgen an- oder ausgestellt werden müssen.

Und darum bitte ich Sie, die einfache, aber wohl schwierigste Frage zu beantworten oder zumindest über sie nachzudenken:

EASY!-Entscheidungsfrage:

Was wollen Sie mit Ihrem Leben anfangen? Welche Lebensziele haben Sie? Wie sieht Ihre Lebensvision aus?

Platz für Notizen

Ihre EASY!-Living-Kompetenzerweiterung in zehn Bereichen

Wenn ich Sie nach den grundlegenden Lebens-Kompetenzen frage, die Sie benötigen, um Ihre Ziele zu erreichen, erhalte ich wahrscheinlich eine andere Antwort als von Ihrem Partner, Ihren Verwandten, Freunden und Bekannten, von Ihren Kollegen, Mitarbeitern und Vorgesetzten. Letztendlich fallen die Antworten immer subjektiv aus.

Ich musste aber bei der Arbeit an diesem Buch Entscheidungen fällen, auch ich musste mich für einige Herdplatten entscheiden und andere abstellen. Und so habe ich einige Kompetenzmodelle aus der Persönlichkeitsforschung studiert, die zum Teil mehr als 40 Kompetenzen umfassen – ein Modell ist gar so ausgefeilt, dass es zu einer dreistelligen Anzahl kommt. Überdies gibt es spezifische Kompetenzbegriffe für Schule und Beruf sowie für verschiedene Berufsprofile: Ein Hochschulprofessor benötigt andere Kompetenzen als ein Handwerker.

Zehn grundlegende Kompetenzen

Alle Kompetenzmodelle, die ich kenne, haben jedoch etwas gemeinsam. Als grundlegende Kompetenzen tauchen auf:

- die methodisch-strategische Kompetenz
- die Sozialkompetenz
- die emotionale Kompetenz
- die Selbstkompetenz
- die Kommunikationskompetenz
- die Handlungskompetenz
- die Fachkompetenz

Letztere habe ich außen vor gelassen – die zehn Kompetenzen, die EASY! Living ermöglichen, sind aus diesen grundlegenden Kompetenzen abgeleitet. Das Prinzip der Einfachheit hat es schließlich notwendig gemacht, die Anzahl der Kompetenzen nach oben hin zu begrenzen. Die Arbeit mit dem Buch und an Ihrer Kompetenzerweiterung soll so leicht, so EASY! wie möglich sein.

Ergänzen Sie den Kompetenzkatalog

Vielleicht vermissen Sie die eine oder andere Kompetenz, vielleicht würden Sie die eine gegen eine andere Kompetenz austauschen wollen. Darum der folgende Hinweis: Sie lernen gleich den Fünfschritt zur Erweiterung einer Kompetenz kennen:

1. Einleitung/Entscheidung
2. Analyse
3. Strategie
4. Yin-und-Yang-Prinzip
5. Handlungsanleitung

Wenn Sie sich mit diesem Raster vertraut gemacht haben, was spricht dagegen, die EASY!-Norm auf diejenige Kompetenz – oder auch die Kompetenzen – anzuwenden, die Sie in diesem Buch nicht finden?

EASY!-Entscheidungsfrage:

Schauen Sie sich das Inhaltsverzeichnis an: Welche grundlegende Kompetenz fehlt in der Auflistung?

Wenn Sie erst einmal eine Zeit lang mit EASY! Living gearbeitet haben, sind Sie in der Lage, jenen Fünfschritt für *Ihre* Kompetenz eigenständig zu gehen.

Und damit sind wir beim nächsten wichtigen Stichwort: Wie können Sie mit diesem Buch so arbeiten, dass Sie einen hohen Nutzen haben?

So arbeiten Sie mit dem EASY!-Buch – ein Leben lang

EASY! ist ein Akronym, es setzt sich aus den Anfangsbuchstaben mehrerer Wörter zusammen, und bedeutet:

E = **E**inleitung und **E**ntscheidung
A = **A**nalyse
S = **S**trategie
Y = **Y**in-und-**Y**ang-Prinzip
! = Handlungsanleitung

Das Wort EASY! spiegelt also nicht nur das inhaltliche Konzept – nämlich: Tue das Naheliegende, das Einfache –, sondern es beschreibt überdies den Weg zu Ihrer Kompetenzerweiterung:

- In der **Einleitung** finden Sie eine Beschreibung der jeweiligen Lebens-Kompetenz. Bei jeder Kompetenz gibt es zwei verschiedene, zumeist gegensätzliche Talente. In der Kommunikation beispielsweise tendieren die meisten Menschen dazu, entweder das Gespräch aktiv zu führen, indem ihr Redeanteil groß ist, oder sie gehören eher zu den Zuhörern, die Fragen stellen. Hier fällt vielleicht schon Ihre **Entscheidung**, welches Talent Sie besitzen und ausweiten möchten.
- Wenn Sie nicht genau wissen, über welches Talent Sie verfügen, hilft Ihnen die **Analyse**, dies festzustellen: Wer sind Sie? Dabei werden Sie ab und an zu dem Ergebnis gelangen, dass Sie ein Mischtyp oder »Zwitter« sind und beide Talente in sich tragen.
- Auf den **Strategie**seiten erhalten Sie Tipps, wie Sie Ihr jeweiliges Talent konsequent und kontinuierlich ausbauen. Das andere, gegensätzliche Talent sollten Sie zunächst einmal vernachlässigen. EASY! bedeutet: Stärken Sie Ihre Stärken.

- In der chinesischen Philosophie verweisen **Yin** und **Yang** auf das Prinzip der Ganzheitlichkeit. Yin ist die dunkle weibliche Urkraft, das empfangende Prinzip, Yang die lichte männliche Urkraft, das schöpferische Prinzip. Bei Yang handelt es sich um das Prinzip »Sonne«, bei Yin um das Prinzip »Schatten«. Die **Yin-und-Yang**-Seiten stehen als Symbol dafür, dass jeder Erfolg eine Schattenseite hat. Wer sich weiterentwickeln will, muss zuweilen Hindernisse aus dem Weg räumen und sich gegen Widerstände zur Wehr setzen – jeder Erfolg hat seinen Preis. Wer bestimmte Talente ausbaut, muss andere zunächst vernachlässigen. Bei jeder Kompetenz wird auf eine Schattenseite der EASY!-Norm hingewiesen.
- Das Ausrufezeichen verweist darauf, dass Sie am Ende einer jeden Kompetenzbeschreibung einen Plan aufstellen sollen, der zu Ihrer Kompetenzerweiterung führt.

Arbeiten Sie Ihr Leben lang an Ihrer Kompetenzerweiterung

Es gibt mehrere Möglichkeiten, mit dem Buch zu arbeiten:

- Sie arbeiten das Buch von vorne nach hinten durch, Kapitel für Kapitel, Kompetenz für Kompetenz.
- Sie setzen Prioritäten und entscheiden sich dafür, jetzt erst einmal bestimmte Kompetenzen zu erweitern, andere eben nicht oder zu einem späteren Zeitpunkt. Das Inhaltsverzeichnis macht es Ihnen leicht und bietet Ihnen die Möglichkeit, Ihre individuelle Prioritätensetzung vorzunehmen.
- Ihre Kompetenzerweiterung ist ein lebenslanger Prozess: Nehmen Sie sich das EASY!-Buch immer wieder vor und legen Sie Kompetenzen fest, die Sie bearbeiten möchten.

Sind Sie ein Durchstarter

oder ein Anstoßbraucher?

EASY!-Einleitung:

Durchstarter oder Anstoßbraucher?

Entscheiden Sie über Ihr Talent:
Wie ist Ihr grundsätzlicher Zugang zur Welt?

Diese EASY!-Living-Kompetenz bestimmt Ihre grundsätzliche Haltung zur Welt. In ihr zeigt sich, wie Sie auf andere Menschen zugehen und auf sie reagieren, sie offenbart, ob Sie Dinge lieber beherzt angehen oder abwartend die Entwicklung beobachten.

Der Durchstarter ist ein Tat-Mensch, der schnell starten und die Dinge zupackend verändern will. Energisch drängt er nach vorn, er hält nicht viel von theoretischen Erwägungen. Er möchte alles erst einmal ausprobieren, dann darüber reflektieren und nachdenken.

Für den extrovertierten, also nach außen gerichteten Durchstarter gilt: »Am Anfang war die Tat!« Darum wirkt er auf seine Umwelt zuweilen hyperaktiv, zu fordernd und drängend, einschüchternd und hemmend.

Der Anstoßbraucher ist nach innen gerichtet, er denkt erst einmal gründlich nach, bevor er handelt. Er ist häufig mit sich selbst beschäftigt und wirkt auf andere Menschen träumerisch, idealistisch und ein wenig wirklichkeitsfremd. Er braucht immer den Schubs von außen – wenn er aber handelt, dann stets durchdacht und zielstrebig.

Der introvertierte Anstoßbraucher sagt: »Am Anfang war das Nachdenken!«

Wie stellen Sie sich einen typischen Durchstarter vor?
Wie einen Anstoßbraucher?

1

# EASY!-Entscheidungsfrage:

Jetzt aber: Welches Talent dominiert bei Ihnen?
Welcher EASY!-Typ sind Sie?

☐ Ich bin ein Durchstarter.
☐ Ich bin ein Anstoßbraucher.
☐ Ich bin mir nicht sicher.

Sie wissen genau, ob Sie ein Durchstarter oder ein Anstoßbraucher sind? Dann machen Sie weiter bei der EASY!-Strategie. Ansonsten blättern Sie zur EASY!-Analyse.

EASY!-Analyse:

Stellen Sie fest, wer Sie sind

Wie gehen Sie Herausforderungen, Probleme, Aufgaben an? Wie ist Ihr Zugang zur Welt, zu Ihrem Umfeld? Lehnen Sie sich zurück, beobachten, schauen zu, analysieren, theoretisieren? Oder stürmen Sie nach vorn: »Hoppla, jetzt komme ich!«? Und nehmen andere mit auf Ihrem Weg? Sagen Ihnen andere Menschen häufig, Sie seien träge? Oder zu einschüchternd und anstrengend? Stehen Sie zu sich selbst – aber vorher prüfen Sie bitte, wer Sie wirklich sind.

Gehen Sie auf eine Blind-Date-Veranstaltung

Bei einem Blind Date treffen zwei Menschen aufeinander, die sich noch nie zuvor gesehen haben. Setzen Sie sich jetzt zehn Minuten in eine ruhige Ecke und schreiben Sie eine halbe DIN-A4-Seite zu Ihrem Charakter, Ihrer Persönlichkeit, Ihrer Art und Weise, die Welt wahrzunehmen und zu erfahren. Und wie ist es um Ihre Handlungsenergie bestellt? Erstellen Sie ein »Bewerbungsschreiben«, nach dessen Lektüre Ihr Blind-Date-Partner Sie einschätzen kann.

Notieren Sie hier Ihre ersten Überlegungen:

Spielen Sie geistiges Theater

Beschreiben Sie einen Menschen aus Ihrem Bekanntenkreis oder auch einen Prominenten, der dem Durchstarter sehr nahe kommt. Versetzen Sie sich dabei in diesen Menschen. Wie denkt er, wie handelt er? Wie sehen Sie seine Persönlichkeit, seinen Charakter, seine Mentalität, seine Vorlieben und Abneigungen?

Dieselben Überlegungen stellen Sie dann zum Anstoßbraucher an. In welcher Beschreibung erkennen Sie sich wieder?

Legen Sie sich in den Sarg

Bitten Sie Ihren Partner, Ihren besten Freund oder einen Menschen Ihres Vertrauens, eine Grabrede auf Sie zu halten. Gibt die Rede Aufschluss darüber, ob Sie eher ein Durchstarter oder ein Anstoßbraucher sind?

EASY! -Analyseergebnis:

Welches Talent überwiegt bei Ihnen? Kreuzen Sie an:

☐ Ich bin ein Durchstarter.
☐ Ich bin ein Anstoßbraucher.
☐ Ich bin sowohl ein Durchstarter als auch ein Anstoßbraucher.

Sie sehen: Es kann durchaus sein, dass Sie zu dem Ergebnis gelangen, eine Mischform zwischen beiden Persönlichkeitstypen zu sein.

EASY!-Strategie:

Bauen Sie Ihr Talent aus

EASY! Living heißt sich das Leben leicht machen, sich auf das Wesentliche konzentrieren und das Naheliegende tun. Stärken Sie also Ihre Stärken, entfalten Sie Ihr Talent – ohne die andere Seite der Medaille zu vernachlässigen.

Strategietipps für den Durchstarter

Tipp 1: Sie gehen hoch wie eine Rakete und kommen rasch ins Handeln. Nutzen Sie Ihre Kraft, Ausdauer und Energie, um andere aus ihrer Lethargie herauszuholen.

Tipp 2: Verbessern Sie Ihr Talent als Tat-Mensch, indem Sie Instrumente erlernen, mit denen Sie Ihre Energien kanalisieren. Beschäftigen Sie sich mit Umsetzungsstrategien, Zielmanagement und Prioritätensetzung.

Tipp 3: Reduzieren Sie Ihre ungeheure Handlungsenergie, wenn Sie merken, dass Sie einschüchternd wirken. Legen Sie sich Fesseln an. Bevor Sie handeln, nehmen Sie ganz bewusst eine fünfminütige Auszeit, um zu überlegen: Wie gehe ich vor?

Wie lautet Ihr Strategietipp für den Durchstarter?

Strategietipps für den Anstoßbraucher

Tipp 1: Sie umkreisen Probleme, Sie können sich in sich selbst versenken. Sie ruhen in sich. Nutzen Sie dieses Talent, indem Sie Konzepte ersinnen, Pläne aufstellen, Probleme auf der theoretischen Ebene angehen und lösen. Beschäftigen Sie sich mit Meditation und Entspannungstechniken.

Tipp 2: Denk-Menschen verfügen über die Fähigkeit, sich in andere Personen und Denkgebäude hineinzuversetzen. Unterstützen Sie die Menschen in Ihrer Umgebung dabei, zu sich selbst zu finden.

Tipp 3: Brechen Sie Ihre introvertierte, nach innen gerichtete Haltung auf, indem Sie ein Handlungsteam bilden, sich mit Menschen umgeben, die Ihnen zum Beispiel bei der Lösung einer Aufgabe helfen.

Ihr persönlicher Strategietipp für den Anstoßbraucher:

Hinweis für den Mischtyp

Wenn Sie zu den Menschen gehören, in denen beide Anteile relativ gleichmäßig vorhanden sind, können Sie mit allen vorstehenden Tipps arbeiten.

Fazit Für mich sind vor allem folgende Strategietipps interessant:

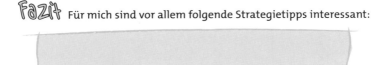

EASY! -Yin-und-Yang-Prinzip:

Lernen Sie, mit den Schattenseiten Ihres Talents umzugehen

Ein Merkmal menschlichen Lebens ist seine Vielfältigkeit. Zu jedem Stück existiert ein Gegenstück, ohne Yin gibt es kein Yang. In einer entzauberten Welt sind für die meisten Menschen die objektiven Wahrheiten verloren gegangen, die für alle Menschen gleichermaßen Verbindlichkeit besäßen.

Jeder Erfolg hat seine Schattenseiten, Erfolg und Misserfolg, Glück und Unglück, Schmerz und Freude bedingen einander. Das eine kann es ohne das andere nicht geben. Und darum ist es durchaus möglich, dass die Weiterentwicklung Ihres Talents in eine Sackgasse führt:

- Der Durchstarter mit seiner überbordenden Handlungs- und Gestaltungsenergie verliert die Bodenhaftung und vergisst den Grundsatz »Erst nachdenken, dann handeln«.
- Der Anstoßbraucher verfällt in lähmende Reflexion und verheddert sich in seinen theoretischen Konstrukten.
- Weltoffenheit schlägt um in bedenkenlose Tatkraft, Reflexionsfähigkeit artet in Weltfremdheit aus.

Wenn Sie dies wissen, können Sie einerseits Maßnahmen ergreifen, die verhindern, dass Ihr Talent ins Negative umschlägt. Zum anderen sind Sie darauf vorbereitet, wenn es wirklich einmal so wie oben beschrieben ist. Dann hilft der Gedanke weiter, dass das Ertragen von Widersprüchen zur menschlichen Existenz gehört. Trotzdem sollten Sie darauf achten, dass Ihre Talententwicklung Ihnen, Ihrem Umfeld und den anderen Menschen immer mehr nutzt als schadet.

Fragen Sie sich jetzt: Welche Schattenseiten können entstehen, wenn ich meine Talente ausbilde? Was kann ich tun, damit ich diese Nachteile in den Griff bekomme?

EASY!-Handlungsplan zur Kompetenz »Handlungsenergie«

Ob extrovertiert-aktiver Durchstarter oder introvertiert-passiver Anstoßbraucher: Sie haben Strategietipps kennen gelernt, die Ihnen helfen, Ihr Talent zu entfalten. Jetzt geht es an die Umsetzung – dazu sind folgende Schritte notwendig:

Ich bin ein
□ Tat-Mensch
□ Denk-Mensch
□ »Zwitter«

und werde mein Talent entfalten, indem ich (siehe auch die EASY!-Strategietipps) meine Stärken stärke:

... und meine Schwächen kompensiere:

Meine ersten Schritte zur Zielerreichung bestehen darin, folgende
Aktivitäten umzusetzen:

Nr.	Aktivität	wann	erl.
1			
2			
3			
4			
5			

Um die möglichen Hindernisse aus dem Weg zu räumen, werde ich:

Sind Sie ein Lautsprecher

oder ein Ohrenzeuge?

EASY!-Einleitung:

Lautsprecher oder Ohrenzeuge

Entscheiden Sie über Ihr Talent: Wie hoch ist Ihr Redeanteil?

Bei der EASY!-Living-Kompetenz »Kommunikation« gibt es zwei herausragende Talente:

- den Lautsprecher und
- den Ohrenzeugen.

Der sprachgewaltige Antwortgeber reißt das Gespräch gerne an sich und übernimmt die Gesprächsführung. Er redet gerne und viel – weil er etwas zu sagen hat. In Diskussionen oder Meetings ist er ein gern gesehener Partner, denn er sagt anderen, wo es langgeht, gibt Orientierung. Seine Dominanz wird oft aber auch als einschüchternd empfunden.

Der schweigsame Fragensteller hört zu, und zwar hört er aktiv zu. Er ist ganz und gar »Ohr«. Er lässt erst die anderen reden. Wenn er etwas sagt, dann stellt er Fragen – kluge Fragen, die das Gespräch voranbringen. Der schweigsame Ohrenzeuge wird vom Umfeld oft kaum bemerkt und so unterschätzt – man staunt jedoch über seine klugen Fragen.

Wie würden Sie die Charaktere »Antwortgeber« und »Fragensteller« beschreiben? Denken Sie dabei an Situationen, die Sie selbst erlebt haben:

EASY!-Entscheidungsfrage:

Welches Talent überwiegt bei Ihnen?
Welcher EASY!-Typ sind Sie? Kreuzen Sie an:

☐ Ich bin ein Lautsprecher.
☐ Ich bin ein Ohrenzeuge.
☐ Ich bin nicht sicher, ich muss dies überprüfen.

Wenn Sie ganz sicher sind, über welches Talent Sie bei der EASY!-Living-Kompetenz »Kommunikation« verfügen – ob Sie eher Lautsprecher oder Ohrenzeuge sind –, machen Sie weiter bei der EASY!-Strategie. Ansonsten geht es ab in die EASY!-Analyse.

EASY!-Analyse:
Stellen Sie fest, wer Sie sind

Sie sind nicht sicher, ob Sie eher ein Lautsprecher sind oder ein Ohren-zeuge? Dann reden Sie doch einfach mit Ihrem Spiegelbild, halten Sie Zwie- und Rücksprache mit sich selbst.

Wie verhalten Sie sich im Gespräch? Haben Sie dazu schon einmal eine Rückmeldung von Ihren Gesprächspartnern bekommen? Hat man Ih-nen gesagt, Sie würden endlos reden? Andere nicht zu Wort kommen lassen? Oder: Sie sollten sich bitte schön auch am Gespräch beteiligen?

Nehmen Sie Ihre Gespräche auf

Was halten Sie davon, wenn Sie nächste Woche einige Ihrer Gesprä-che – beruflich und privat – aufnähmen? Auch die Telefongespräche. So sammeln Sie ausgezeichnetes Analysematerial. Werten Sie es unter der Fragestellung aus, ob Sie tendenziell ein Lautsprecher sind oder ein Ohrenzeuge. Berücksichtigen Sie dabei, dass Sie eventuell Ihre Ge-sprächspartner informieren müssen. Ein unverkrampftes und authen-tisches Bild erhalten Sie, wenn Ihr Gesprächspartner und Sie selbst sich möglichst natürlich verhalten, also gar nicht an die Aufnahme denken.

Führen Sie eine Befragung durch

Entwickeln Sie einen Fragebogen, den Sie unter Kollegen, Mitarbeitern, Freunden und Bekannten verteilen. Fragen Sie ab, wie diese Menschen Ihr Verhalten in der Kommunikation und Ihre Gesprächsführung be-werten. Sammeln Sie wo immer möglich Fremdbeurteilungen – und dann werten Sie die Informationen aus. Wen könnten Sie befragen?

Streiten Sie sich, bis die Fetzen fliegen

Ja, richtig gelesen: Suchen Sie ganz gezielt und bewusst die Auseinandersetzung. Spielen Sie den Streithansel. Der Hintergedanke: Lassen Sie sich von einer neutralen Person Ihres Vertrauens dabei beobachten. Streiten Sie dominant-aggressiv, indem Sie das Gespräch an sich reißen, Antworten geben, den anderen nicht zu Wort kommen lassen? Oder tasten Sie sich vorsichtig-behutsam mit Fragen in das Streitgespräch hinein?

EASY! -Analyseergebnis:

Sie wissen jetzt, welcher EASY!-Typ Sie sind? Kreuzen Sie an:

☐ Ich bin ein Lautsprecher.
☐ Ich bin ein Ohrenzeuge.
☐ Ich bin sowohl ein Lautsprecher als auch ein Ohrenzeuge.

EASY!-Strategie:

Bauen Sie Ihr Talent aus

Wer feststellt, dass er ein Lautsprecher ist, und sich nun unbedingt zum Ohrenzeugen entwickeln will, macht sich das Leben schwer. Und wer beschließt, sich als Lautsprecher zu disziplinieren und auf die leisen Töne zu verlegen, ebenfalls.

Strategietipps für den Lautsprecher

Tipp 1: Nutzen Sie Ihr Talent, Gespräche in konstruktive Bahnen zu lenken. Erhöhen Sie Ihre Problemlösungskompetenz, damit Sie mit Ihren kommunikativen Fähigkeiten anderen Menschen helfen können, sich ebenfalls von Problemsuchern zu Lösungsfindern zu entwickeln.

Tipp 2: Bauen Sie Ihr Talent aus, indem Sie es in Reden und Vorträgen, in Gesprächsrunden und Diskussionen, in Verhandlungen und am Telefon anwenden.

Tipp 3: Lassen Sie keine Gelegenheit aus, Ihren Kommunikationsköcher mit weiteren Pfeilen zu bestücken. Vernachlässigen Sie aber auch nicht die Herausforderung, zu einem besseren Fragensteller zu werden. Informieren Sie sich über das Konzept des aktiven Zuhörens, trainieren Sie die Fragetechniken – und hören Sie Ihrem Gesprächspartner zu.

Bestimmt fällt Ihnen eine weitere Strategie ein, wie Sie Ihre Fähigkeiten als Lautsprecher erhöhen können – notieren Sie sie hier:

Strategietipps für den Ohrenzeugen

Tipp 1: Die Plaudertasche und der Schweigsame bringen ein Gespräch selten voran. Guten Zuhörern, die dem Gesprächspartner ein angenehmes Gefühl geben, begegnen wir nicht allzu oft. Sie aber haben dieses Talent. Setzen Sie es selbstbewusst ein, verstecken Sie es nicht.

Tipp 2: Wer fragt, der führt. Bevorzugen Sie die wertschätzenden Fragen, die einen Dialog ermöglichen: Offene Fragen, Informationsfragen, Präzisierungsfragen, Alternativfragen, Bestätigungsfragen – all diese Fragearten ermöglichen Ihnen eine wertschätzende Gesprächsführung.

Tipp 3: Springen Sie über Ihren Schatten und beziehen Sie im Gespräch auch einmal deutlich Stellung. Äußern Sie das, was Sie denken – man wird Ihnen gut zuhören.

Ihr persönlicher Strategietipp:

Hinweis für den Antwort-Frager

Wenn Sie zu den Menschen zählen, die beide Anteile relativ gleichmäßig in sich tragen, können für Sie alle vorstehenden Tipps hilfreich sein.

Fazit Entscheiden Sie: Ich halte folgende Strategietipps für besonders wichtig:

EASY! - Yin-und-Yang-Prinzip:

Räumen Sie Hindernisse aus dem Weg

Sie haben in der Strategiephase einige Tipps erhalten, wie Sie Ihr kommunikatives Talent entfalten können. Bevor es an die konkrete Umsetzung geht, sollten Sie bedenken: Wer handelt, macht Fehler. Nur wer nichts tut und die Hände in den Schoß legt, bleibt fehlerfrei. Auch Fehler sind erzielte Ergebnisse, die Sie Ihren Zielen näherbringen.

Es wird auf dem Weg zur Talententfaltung also Hindernisse geben, Sie werden Stolpersteine wegräumen müssen. Erfolg ist keine Einbahnstraße, und wo Helligkeit herrscht, gibt es auch Dunkelheit, Glück wird erst zu Glück, weil es das Gegenteil gibt, das Unglück.

Sie können jetzt noch nicht sicher einschätzen, auf welche Stolpersteine Sie möglicherweise stoßen werden. Ihnen bleibt nichts anderes übrig, als flexibel dann zu reagieren, wenn die Situation da ist und Ihnen ein Hindernis begegnet. Aber: Zu einem gewissen Grade können Sie bereits jetzt mögliche Stolpersteine voraussehen und überlegen, welche Engpässe Sie bei der Talententfaltung behindern könnten – zum Beispiel:

Gehören Sie zu den Lautsprechern, ist ein möglicher Stolperstein, dass Sie das Gespräch zu eindeutig dominieren und Gesprächspartner abschrecken. Diese ziehen sich dann in ihr Schneckenhaus zurück. Ihre Stärke wird zur Schwäche!

Bei den Ohrenzeugen besteht das Risiko, dass sie im Gespräch untergehen: »Der beteiligt sich ja gar nicht und fragt immer nur – der hat nichts zu sagen!«

Der Vorteil: Sie können nun frühzeitig Gegenmaßnahmen ergreifen. Also: Wer oder was könnte Sie an Ihrer Talententfaltung hindern?

2

EASY!-Handlungsplan zur Kompetenz »Kommunikation«

Sie wissen nun, dass Sie eher ein Lautsprecher oder ein Ohrenzeuge sind, und verfügen über Strategietipps, wie Sie Ihr Talent entfalten können. Zur Umsetzung sind folgende Schritte notwendig:

Ich bin ein
- ▢ Lautsprecher
- ▢ Ohrenzeuge
- ▢ Mischtyp

und werde mein Talent entfalten, indem ich (siehe auch die EASY!-Strategietipps) meine Stärken stärke:

... und meine Schwächen kompensiere:

Meine ersten Schritte zur Zielerreichung bestehen darin, Folgendes in die Tat umzusetzen:

Nr.	Aktivität	wann	erl.
1			
2			
3			
4			
5			

2

Wenn ich Gegenwind verspüre, werde ich:

Sind Sie ein

Konzentrationswunder

oder ein

Verzettelungskünstler?

3

 EASY!-Einleitung:

Konzentrationswunder oder Verzettelungskünstler

Entscheiden Sie über Ihr Talent:
Wie gehen Sie Ihre Aufgaben an?

Wie gehen Sie vor, wenn Sie eine Aufgabe lösen müssen?

- ☐ Sie wollen stets den Überblick behalten.
- ☐ Sie verlieren sich gern in Details.

Das Konzentrationswunder schaut auf seinen aufgeräumten Schreibtisch und ist glücklich. Dieser Mensch hat alles in Schubladen abgelegt und in Ordner eingeheftet – ein Griff, und er zieht den Vertrag hervor, den er vor 15 Jahren abgeschlossen hat und den er hier und heute benötigt, um eine Entscheidung zu fällen und eine Aufgabe anzugehen. Den Vorwurf, er sei pedantisch bis zur Kleinlichkeit, erträgt er mit Fassung. Er weiß, dass dies stimmt, aber aus seiner Sicht beileibe kein Nachteil ist. Denn seine Ordnung erlaubt es ihm, das Wesentliche in den Fokus zu rücken. Er definiert Ziele, setzt Prioritäten, plant eine Pufferzeit für Unvorhersehbares ein und kontrolliert die Zielerreichung.

Allein schon der Schreibtisch des detailverliebten Verzettelungskünstlers gleicht einem Labyrinth. Als Kind hat er, wenn seine Mutter sein Zimmer aufgeräumt hat, nichts mehr wiedergefunden. Wenn er eine Aufgabe angeht, »verzettelt« er sich – das heißt: Er notiert sich auf allen möglichen Zetteln – auf Servietten, auf dem Schreibblock, auf Bierdeckeln oder Rechnungen – Ideen, Lösungen, methodische Schritte. Dabei verliert er die Lösung nicht aus den Augen – im Chaos findet er seinen Weg zum Erfolg. Anders ausgedrückt: Bei ihm ist es die Un-Ordnung, durch die er das Wesentliche in den Fokus rückt.

E**ASY!**-Entscheidungsfrage:

Entscheiden Sie bitte wieder, welches Talent bei Ihnen überwiegt. Welcher EASY!-Typ sind Sie?

☐ Ich bin ein Konzentrationswunder.
☐ Ich bin ein Verzettelungskünstler.
☐ Ich weiß es noch nicht, ich möchte es überprüfen.

Warum eigentlich haben Sie sich so entschieden? Nennen Sie Beispiele, also konkrete Situationen, in denen Sie sich entweder als Konzentrationswunder oder als Verzettelungskünstler erkennen:

Wenn Sie ganz sicher sind, über welches Talent Sie bei der Kompetenz »Organisation und Planung« verfügen, machen Sie weiter mit der EASY!-Strategie. Ansonsten geht es zur EASY!-Analyse.

EASY!-Analyse:

Stellen Sie fest, wer Sie sind

Wer seinem Talent und seinen natürlichen Begabungen gemäß handelt, weiß oft gar nicht, welche Gesetzmäßigkeiten sein Denken und Tun bestimmen. Man sagt dann von sich selbst, man habe »aus dem Bauch heraus« oder intuitiv agiert. Hinzu kommt: Die meisten Menschen sind nicht der eine oder andere Typ in Reinform. Die Mischform ist der Normalfall – also der Verzettelungskünstler, der zuweilen die Ordnung dem Chaos vorzieht, oder das Konzentrationswunder, das auch einmal »fünf gerade sein lässt«. Beobachten Sie daher in Zukunft, wie Sie Aufgaben angehen und lösen – noch besser aber ist, Sie schlagen einen der folgenden ungewöhnlichen Wege ein.

Besuchen Sie wieder einmal Ihre Eltern

Wenn Sie nicht so genau wissen, welcher Fraktion Sie sich in puncto »Organisation und Planung« zurechnen müssen, sollten Sie einmal mit Ihren Eltern Rücksprache halten. Das ist doch ein willkommener Anlass, sie aufzusuchen – am besten, ohne sich anzukündigen, spontan und plötzlich. Und schon verfügen Sie über den ersten Anhaltspunkt, ob Sie ein Konzentrationswunder oder ein Verzettelungskünstler sind. Letzterer würde die Eltern ohne Ankündigung besuchen – das Konzentrationswunder hingegen vereinbart ordentlich und gewissenhaft einen Termin. Charaktereigenschaften zeigen sich natürlich schon in jungen Jahren. Und darum sind Mutter und Vater hervorragende »Informationsquellen«, welche Talente Sie haben – ob Sie also immer ein ordentlich aufgeräumtes Zimmer hatten oder ob es aussah, als hätte eine Bombe eingeschlagen.

Fahren Sie in den Urlaub

Haben Sie Kinder? Dann wissen Sie, dass es dem einen Sohn gelingt, im gemieteten Ferienhaus binnen kürzester Zeit das Zimmer in ein Tollhaus zu verwandeln, während der Bruder seinen Koffer auspackt und alles gleich an Ort und Stelle räumt. Wie verhalten Sie sich? Achten Sie im Urlaub einmal darauf, wie Sie sich in Ferienhaus oder Hotelzimmer benehmen. Was deutet darauf hin, dass Sie eher ein Konzentrationswunder sind? Was spricht für den Verzettelungskünstler?

Übrigens gibt auch schon die Art und Weise, wie Sie Ihren Urlaub planen, Hinweise darauf, zu welchem Typus Sie tendieren.

EASY! -Analyseergebnis:

Und noch einmal: Welcher EASY!-Typ sind Sie?

☐ Ich bin ein Konzentrationswunder.
☐ Ich bin ein Verzettelungskünstler.
☐ Ich bin manchmal Konzentrationswunder und dann wieder Verzettelungskünstler.

EASY!-Strategie:

Bauen Sie Ihr Talent aus

Wer nun beginnt, als Verzettelungskünstler Listen zu führen, in denen er notiert, welche Aufgaben er Punkt für Punkt abarbeiten will, verbiegt sich selbst. Besser ist es, Aufgaben mit Hilfe seiner Stärken zu lösen. Der Detailgourmet muss ja nicht gerade andere Menschen davon überzeugen, nun ebenfalls den Schreibtisch unaufgeräumt zu lassen – er sollte aber seine eigenen Aufgaben aufgrund seiner individuellen »chaotischen« Anlagen angehen.

Strategietipps für den Verzettelungskünstler

Tipp 1: Genies wird häufig nachgesagt, Sie seien eher chaotisch veranlagt – und kreativ. Das stimmt nicht immer, aber in Ihrem Fall bestimmt. Bekennen Sie sich selbstbewusst zu Ihrer unordentlichen Art, Aufgaben zu lösen.

Tipp 2: Unser Gehirn ist physiologisch nicht in der Lage, mehrere Dinge gleichzeitig zu tun. Darum sollten wir uns am besten immer nur mit einer Sache beschäftigen. Auch Sie sollten versuchen, sich zu konzentrieren. Allerdings sind Sie der lebende Gegenbeweis, dass es ab und zu auch anders geht.

Tipp 3: Verzettelungskünstler neigen dazu, alles aufzuheben. Haben Sie den Mut, Ihr Leben zu entrümpeln und sich vom überflüssigen Ballast zu befreien.

Gab es Situationen in Ihrem Leben, in denen Ihnen Ihr Talent zur detailbesessenen Verzettelung konkret weitergeholfen hat? Welchen Strategietipp können Sie daraus ableiten?

Strategietipps für das Konzentrationswunder

Tipp 1: Sie sind es, der im Meeting oder auch im Sportverein die Frage stellt, »Welche Ziele haben wir, wohin wollen wir überhaupt?«, und die Antworten in eine logische Reihenfolge bringt. Nutzen Sie Ihre planerisch-organisatorischen Fähigkeiten, um das Team oder die Gruppe voranzubringen.

Tipp 2: Übernehmen Sie wo immer möglich Planungs- und Organisationsaufgaben. Ihr Kegelclub plant einen Ausflug? Melden Sie sich für das Organisationskomitee. Ihr Chef fragt, wer sich an der Meetingplanung beteiligen will? Das ist Ihre Chance, Ihr Talent auszubauen.

Tipp 3: Fragen Sie sich aber auch, ob es nicht auch einmal sinnvoll ist, vom Speiseplan des Verzettelungskünstlers zu naschen.

Haben Sie eine weitere Idee, wie Sie Ihr Talent ausbauen können?

Hinweis für den Fall, dass Sie zu den »Zwittern« gehören

Entwickeln Sie sich mit Hilfe aller genannten Strategietipps weiter.

Fazit Notieren Sie sich: Mich interessieren vor allem folgende Strategietipps:

EASY!-Yin-und-Yang-Prinzip:

Vermeiden Sie Übertreibung und Einseitigkeit

In der Einleitung zu diesem Buch haben wir über die »dunklen Seiten des Erfolgs« gesprochen. Manchmal kann es uns zum Nachteil ausschlagen, wenn wir ein Talent übermäßig entwickeln. Bei jeder Spezialisierung besteht die Gefahr, dass andere Aspekte zu sehr vernachlässigt und in den Hintergrund gedrängt werden. Diese Gefahr droht auch und insbesondere auf dem Kompetenzfeld »Organisation und Planung«.

Wer immer und überall auf Ordnung und generalstabsmäßige Planung achtet, übersieht die kreative Lösung im »schmutzigen Winkel« seines Ideenhaushalts. Pedanterie ist kein Fehler an sich – Sie sollten es damit aber nicht auf die Spitze treiben. Auf der anderen Seite: Wer sich übermäßig ins Chaos verliebt und vom Verzettelungskünstler zum Verzettelungsmessie wird, hat es schwer, in die Umsetzung zu gelangen und selbst einfachste Aufgaben im Alltag zu bewältigen.

Bedenken Sie also bei jeder Talententfaltung, dass Mäßigung zuweilen weiterführt als das Überstrapazieren einer Begabung. Welche Folgen das haben kann, zeigt der Sport: Wenn der Stürmer immer nur dieselben Tricks einübt und trainiert, ist er vom Gegner leicht(er) auszurechnen.

Die Kunst der Talententfaltung besteht darin, den Spezialisten in sich zu entwickeln, ohne den Generalisten aus dem Haus zu werfen – und umgekehrt. Yin und Yang: Beides ist notwendig!

Also: Wie können Sie die übertriebene und zu einseitige Talententfaltung verhindern?

3

EASY! -Handlungsplan zur Kompetenz »Organisation und Planung«

Zum Schluss dieses Kapitels wissen Sie nun, ob Sie eher ein Konzentrationswunder oder ein Verzettelungskünstler sind. Die Strategietipps helfen Ihnen, Ihr jeweiliges Talent auszubilden. Und wieder einmal geht es an die Umsetzung.

Ich bin ein
- ▢ Konzentrationswunder
- ▢ Verzettelungskünstler
- ▢ Mischtyp

und werde mein Talent entfalten, indem ich (siehe auch die EASY!-Strategietipps) meine Stärken stärke:

... und meine Schwächen kompensiere:

Dabei werde ich zunächst folgende Aktivitäten umsetzen:

Nr.	Aktivität	wann	erl.
1			
2			
3			
4			
5			

3

Um einseitige Übertreibungen bei der Talententfaltung auszu-schließen, werde ich:

Sind Sie ein

Chancennutzer

oder ein

Problemverstärker?

EASY!-Einleitung:

Chancennutzer oder Problemverstärker

Entscheiden Sie über Ihr Talent:
Wie gehen Sie mit Hindernissen um?

Ihre Einstellung entscheidet darüber, wie Sie Chancen, Herausforderungen und Probleme angehen. Wichtig ist dabei Ihre Wahrnehmung, Ihre Beurteilung der Realität:

- Sie sehen in jedem Problem die Chance, die Möglichkeit und Herausforderung, eine Lösung zu finden – und lassen sich von dieser Aussicht schnell begeistern und entflammen?
- Sie gehören zu den eher nüchternen Menschen, die eine Problemstellung konsequent zu Ende denken und das Problem quasi auf die Spitze treiben, um auf diese Weise zu einer Lösung zu gelangen?

Der Chancennutzer sieht grundsätzlich positiv und optimistisch in die Welt. Es fällt ihm leicht, selbst in schwierigsten Situationen, in denen andere verzagen, seine emotionale Tankstelle anzuzapfen und sich entschlossen und begeistert auf ein Problem zu stürzen. Das lässt ihn allerdings ab und zu die Tatsachen aus den Augen verlieren und übermütig werden. Er geht beherzt das Unmögliche an, um das Mögliche zu erreichen – und vielleicht sogar ein bisschen mehr. Zuweilen könnte er freilich verzweifeln, wenn er das Jammertal um sich herum und all die nörgelnden Meckerköpfe sieht. Aber er lässt sich nicht unterkriegen und versucht, andere mit seiner optimistischen Lebensanschauung anzustecken.

Wenn der Problemverstärker im Moor zu versinken droht, macht er sich absichtlich schwer. Aber nicht, um endgültig unterzugehen, sondern um sich ganz und gar in das Problem hineinzuknien und es sachlich und nüchtern analysieren und von der Wurzel her verstehen zu können. Von seiner Umgebung wird er deswegen oft als pessimistischer Schwarzseher verunglimpft. Seine Frage: »Wie lässt sich das Problem noch verstärken, so dass es unlösbar erscheint?« stellt er aber nur, um selbst für den Fall der Fälle gewappnet zu sein.

EASY! -Entscheidungsfrage:

Und welcher Typ sind Sie? Kreuzen Sie bitte an:

☐ Ich bin ein Chancennutzer.
☐ Ich bin ein Problemverstärker.
☐ Ich bin mir nicht sicher, ich werde dies überprüfen.

Kennen Sie einen typischen Problemverstärker und einen in der Wolle gefärbten Chancennutzer?

Was hat Ihre Entscheidung ergeben? Können Sie mit der EASY!-Strategie weitermachen oder mit der EASY!-Analyse?

EASY!-Analyse:

Stellen Sie fest, wer Sie sind

Die Einstellung, die wir zur Realität haben, zu anderen Menschen und Ereignissen, beeinflusst unser ganzes Leben, zumeist auf einer unbewussten Ebene. Unsere Werte, Normen und Gewohnheiten sind von der grundsätzlichen Einstellung determiniert und legen fest, wie wir Herausforderungen angehen. Manche Wissenschaftler behaupten, dass diese grundlegende Festlegung schon vor der Geburt geschieht. Allerdings verfügen wir – so meine Überzeugung – auch über einen freien Willen und über die Freiheit, zumindest im Rahmen unserer grundlegenden Persönlichkeitsstruktur Veränderungen herbeizuführen.

Wie aber erkennen Sie, zu welchem Typus Sie gehören?

Stellen Sie sich die großen Schockfragen

Schockfrage 1: Was wäre, wenn Sie nicht mehr lange zu leben hätten? Wie würden Sie Ihre »Restzeit« nutzen?

Schockfrage 2: Wenn Sie hier und heute Ihr gesamtes Vermögen verlören – wie würden Sie reagieren? Was würden Sie morgen als Erstes tun?

Schockfrage 3: Alle Ihre Probleme und Herausforderungen haben sich in Luft aufgelöst. Wie fühlen Sie sich? Was fehlt Ihnen – und was nicht? Ist dies überhaupt eine Schockfrage für Sie?

Die Beschäftigung mit diesen schicksalhaften Fragen wirft erfahrungsgemäß ein grelles Licht darauf, ob Sie eher ein Chancennutzer oder ein Problemverstärker sind.

Schmeißen Sie Ihr Geld weg

Dieser Vorschlag ist ernst gemeint – und doch nicht ganz. Sie könnten so vorgehen: Suchen Sie sich in Ihrem Urlaub einen Tag aus, an dem Sie vollkommen ohne Geld auskommen müssen. Verstecken Sie Ihr Bargeld, Ihre Kreditkarten und so weiter. Versuchen Sie, ohne all dies über die Runden zu kommen.

Fordern Sie Ihren Chef heraus

Eine weitere Variante zur Selbstprüfung ist, dass Sie Ihren Chef oder auch Ihren Partner auffordern, Ihnen eine objektiv kaum lösbare Aufgabe zu stellen. Diese Problemstellung darf aber nicht vollkommen unrealistisch sein: Ihr Chef beauftragt Sie beispielsweise, einen Kunden, an dem sich alle Kollegen die Zähne ausgebissen haben, anzusprechen und zu überzeugen. Was geht Ihnen durch den Kopf, wie gehen Sie vor?

4

EASY! -Analyseergebnis:

    Und wieder:
☐ Ich bin ein Chancennutzer.
☐ Ich bin ein Problemverstärker.
☐ Ich bin zuweilen Chancennutzer und zuweilen Problemverstärker.

EASY!-Strategie:

Bauen Sie Ihr Talent aus

Stellen Sie sich ein Glas Wasser vor, das zur Hälfte gefüllt ist. Was sagen Sie sich: Ist das Glas halb leer? Oder halb voll? Es gibt nun Menschen, die behaupten, Herr Optimist würde sich für die halb volle Variante entscheiden, Herr Pessimist hingegen für die halb leere.

Entscheidend ist, wie Sie mit der Situation umgehen:

- Wenn Sie das Glas als halb leer definieren, kann auch dies positive Handlungsenergie freisetzen: Sie kümmern sich rechtzeitig darum, es aufzufüllen.
- Der angebliche Herr Optimist kann durch seine Bewertung dazu verleitet werden, sich bequem in seinem Sessel zurückzulehnen: »Warum etwas tun, das Glas ist doch noch halb voll!« Besser ist es natürlich, wenn er die Bewertung, das Glas sei doch schon halb voll, nutzt, um es zur Gänze aufzufüllen.

Ob Sie nun ein Chancennutzer oder ein Problemverstärker sind – setzen Sie auf Ihr Talent und bauen Sie es aus.

Strategietipps für den Chancennutzer

Tipp 1: Sie verbessern Ihre Qualitäten als Chancennutzer, indem Sie jammernde Mitmenschen überzeugen, dass Hindernisse dazu da sind, um überwunden zu werden. Verdeutlichen Sie, dass Fehler erreichte Resultate auf dem Weg zum Ziel sind.

Tipp 2: Erweitern Sie Ihr Chancen-Know-how und nutzen Sie jede Lernchance im Alltag, um sich weiterzuentwickeln. Ein Beispiel: Veranstalten Sie ein Meeting mit Ihren Mitarbeitern, in dem Sie besprechen, welche Lernchancen ihr Alltag am Arbeitsplatz bietet.

Tipp 3: Machen Sie sich auf Widerstand seitens der Nörgler, Meckerer und Stichler gefasst. Wer gestaltend Verantwortung übernimmt, muss immer mit – oft auch unsachlicher – Kritik rechnen.

Strategietipps für den Problemverstärker

Tipp 1: Eignen Sie sich das Know-how an, um die Problemverstärkung in lösungsorientierte Bahnen zu kanalisieren – ein Beispiel ist die »Nur mal angenommen«-Technik: Stellen Sie sich vor, Sie könnten das Problem im Traum lösen. Wie stellt sich die Situation dann dar?

Tipp 2: Nutzen Sie die Umkehrtechnik. Zunächst fragen Sie: »Was muss ich tun, damit das Problem unlösbar ist?« Sie erhalten zahlreiche Hinweise zur Problemverstärkung. Und dann leiten Sie daraus kreative Problemlösungen ab.

Tipp 3: Betonen Sie stets, dass Sie für ein Problem sensibilisieren möchten – um es zu lösen.

Gehören Sie zu den »Mischformen«?

Nutzen Sie bitte ein buntes Potpourri der genannten Strategietipps.

Fazit Überlegen Sie:

Ich möchte insbesondere folgende Tipps beherzigen:

EASY!-Yin-und-Yang-Prinzip:

Akzeptieren Sie, dass Weiterentwicklung immer auch mit Schmerzen zu tun hat

Die Arbeit an Ihrer Einstellung gehört wahrscheinlich zu den schwierigsten Aufgaben, wenn Sie Ihr Talent entwickeln und Ihre Kompetenzen ausbauen wollen. Denn seine Einstellung zu verändern bedeutet immer auch, lieb gewonnene Gewohnheiten in Frage zu stellen und Glaubenssätze zu überdenken und umzudeuten.

Ein Beispiel: Sie tendieren dazu, immer alles vollkommen richtig machen zu wollen. Sie sind ein Perfektionist, der stets überlegt, wie er seine Aufgaben noch besser lösen kann als bisher. Diese zunächst einmal löbliche Einstellung hat auch große Nachteile:

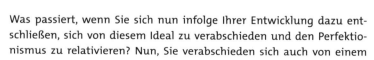

- ▢ Sie schaffen sich einen unheimlich großen Erfolgsdruck, Sie setzen sich unter Stress. Und der kann Sie blockieren oder sogar krank machen.
- ▢ Es kann sein, dass Sie anderen Menschen nicht gerecht werden. Denn Ihre Mitarbeiter, Ihre Kollegen, Ihr Partner oder Ihre Kinder – sie entsprechen Ihrem Perfektionismusideal nicht und wollen dies vielleicht auch gar nicht.

Was passiert, wenn Sie sich nun infolge Ihrer Entwicklung dazu entschließen, sich von diesem Ideal zu verabschieden und den Perfektionismus zu relativieren? Nun, Sie verabschieden sich auch von einem

Glaubenssatz und einer Gewohnheit, die Ihnen bisher Stabilität und Selbstsicherheit gegeben haben. Und das tut weh, das schmerzt, das ist eine der »dunklen Seiten« Ihrer persönlichen Weiterentwicklung.

Sie erkaufen sich Ihre Selbstentfaltung oft mit einem Nachteil, einem Preis, den zu zahlen Schmerz verursacht. Aber weil er Sie weiterbringt, sind Sie bereit, die Nachteile auf sich zu nehmen.

Was müssen Sie tun, damit Sie fähig sind, den Schmerz im Gefolge Ihrer Weiterentwicklung zu akzeptieren?

4

EASY! -Handlungsplan zur Kompetenz »Einstellung«

Die Ausführungen in diesem Kapitel haben gezeigt, wie schwierig es sein kann, in die Umsetzungsphase zu kommen. Darum sollten Sie jetzt bei der Festlegung Ihrer Handlungsschritte ganz besonders viel »Gedankenschmalz« investieren.

Ich bin ein
- ☐ Chancennutzer
- ☐ Problemverstärker
- ☐ »Zwitter«

und werde mein Talent entfalten, indem ich (siehe auch die EASY!-Strategietipps) meine Stärken stärke:

... und meine Schwächen kompensiere:

Um meine Ziele zu erreichen, werde ich folgendermaßen vorgehen:

Nr.	Aktivität	wann	erl.
1			
2			
3			
4			
5			

Mein erster Umsetzungsschritt ist:

Sind Sie ein

Mannschaftsjäger

oder ein Einzelstürmer?

EASY!-Einleitung:

Mannschaftsjäger oder Einzelstürmer

Entscheiden Sie über Ihr Talent:
Erledigen Sie Ihre Aufgaben gerne alleine oder im Team?

Die großen Aufgaben der Menschheit lassen sich nur gemeinsam lösen – im Team. Ähnliches gilt für die Berufswelt: Ein intelligentes Team leistet mehr, als die Summe der Kompetenzen seiner Mitglieder vermuten lässt. Selbst in Familie und Partnerschaft sind einsame Entscheidungen verpönt und ist gemeinschaftliches Handeln gefragt.

Heißt das, dass der Einzelstürmer »out« ist? Nein – im Gegenteil. Der geniale Individualist darf und soll aus der Gruppe ausscheren, seine Ideen im stillen Kämmerlein entwickeln. Aber dann stellt er sie dem Team zur Verfügung. Wieder einmal gilt: Die beiden Talentausprägungen sind die zwei Seiten ein und derselben Medaille.

Was glauben Sie: Welche Sportarten sind eher Team-, welche eher Einzelkämpferveranstaltungen? Warum ist das so?

Der Teamplayer blüht so richtig auf, wenn er in der Diskussion mit anderen Menschen ein Problem aus verschiedenen Blickwinkeln beleuchten kann. Er streitet gerne konstruktiv um die beste Lösung. Dabei lässt er stets dem stärksten Argument den Vortritt – auch wenn dieses von jemand anderem vorgetragen wird. Er stellt sich gerne in den Dienst der Mannschaft – dies wird ihm zuweilen als Schwäche ausgelegt. Der Verdacht: Er wolle sich hinter der Masse verstecken und keine Verantwortung übernehmen.

Der Individualist kämpft nicht allein, weil er andere Menschen nicht mag oder nicht mit ihnen kooperieren will. Er weiß vielmehr, dass er seine besten und innovativsten Ideen und Konzepte fernab der Menge entwickeln kann. Den Vorwurf der elitär-hochnäsigen Absonderung und des Egoismus widerlegt er mit seiner Freude darüber, auf diese Art dem Team den höchstmöglichen Nutzen zu erweisen, den er erbringen kann. Und darum zieht er sich wo immer möglich in seine Tüftler-Ecke zurück.

5

EASY! -Entscheidungsfrage:

Wie sieht es bei Ihnen in Sachen Teamorientierung aus?

☐ Ich bin ein Mannschaftsjäger.
☐ Ich bin ein Einzelstürmer.
☐ Ich bin nicht sicher, ich muss dies überprüfen.

Wenn Sie genau wissen, dass Sie ein Mannschaftsspieler oder eben ein Einzelgänger sind, können Sie mit der EASY!-Strategie weitermachen. Sonst geht es erst einmal in die EASY!-Analyse.

EASY!-Analyse:

Stellen Sie fest, wer Sie sind

In wohl keinem anderen Bereich wird so deutlich wie im Mannschaftssport, dass zum Erfolg eine gesunde Mischung aus individuellem Können und einer geschlossenen Mannschaftsleistung gehört. Im Fußball etwa wird betont, eine Topmannschaft brauche die individuellen Fähigkeiten der genialen Einzelspieler, die sich dann jedoch auch immer in den Dienst der Mannschaft stellen. Zum Erfolg gehören aber auch die Rackerer und Kämpfer, die zuallerletzt an sich denken. Das Ganze wird überwölbt vom Teamgeist: Es nützt nichts, elf Einzelkönner in der Mannschaft zu haben, wenn der Wille fehlt, gemeinsam etwas erreichen zu wollen und sich für die anderen einzusetzen – diesen Satz wird wohl jeder Trainer der Welt unterschreiben.

Wenn Sie nicht sicher sind, welches Talent bei Ihnen dominiert, sollten Sie die folgenden Hinweise beherzigen.

Treten Sie in einen Sportverein ein

Erinnern Sie sich an Ihren ersten Sportverein? Warum sind Sie dort und nicht woanders Mitglied geworden? Handelte es sich um eine Mannschaftssportart oder waren Sie lieber der einsame Marathonläufer, der Leichtathlet, der allein für sich trainiert hat – zum Beispiel allein im Kampf gegen die Uhr? Wenn Sie sich hier und heute entscheiden müssten, in einen Sportverein Ihrer Wahl einzutreten: Wie würde Ihre Entscheidung lauten? Und warum entscheiden Sie sich so?

Werden Sie zum Teamleiter

Nutzen Sie im privaten Bereich – in der Elterninitiative, im Sportverein, im Kegelclub – die Möglichkeit, zum Teamleiter oder Leader zu werden. Wer eine Gruppe führen und anleiten muss, wird schnell feststellen, ob er sich in den Dienst des Teams stellen kann – dies ist nämlich die vornehmste und wichtigste Aufgabe des Leiters – oder ob er seine Position nutzt, um vor allem für sich selbst Vorteile herauszuschlagen. Zudem stehen Ihnen nun die Teammitglieder als Auskunftsquelle zur Verfügung: Wie schätzen sie Sie ein – als Mannschaftsjäger und Teamplayer oder als einzelstürmerischen Individualisten?

Big Brother is watching you

Beobachten Sie sich eine Woche lang selbst und notieren Sie, wie Sie sich in den folgenden – und ähnlichen – Situationen verhalten:

5

- ▢ Sie wollen ins Kino gehen: lieber allein oder mit Freunden oder Partner?
- ▢ Auf der Arbeit werden Aufgaben vergeben: Wählen Sie eine Teamaufgabe oder eine Einzelaufgabe?
- ▢ Die Familie möchte einen Ausflug machen: Unterbreiten Sie einen Vorschlag oder diskutiert die Familienrunde, wohin es gehen soll?

EASY!-Analyseergebnis:

Jetzt sollten Sie eine Entscheidung fällen können:

- ☐ Ich bin ein Mannschaftsjäger.
- ☐ Ich bin ein Einzelstürmer.
- ☐ Bei mir herrscht eine Mischung aus beiden Talenten.

EASY!-Strategie:

Bauen Sie Ihr Talent aus

Es liegt auf der Hand, dass gerade bei der Kompetenz »Teamorientierung« Ihre Umgebung ein fundiertes Urteil darüber abgeben kann, zu welcher Gruppe Sie gehören. Und dann wissen Sie nicht nur aus eigener Erfahrung: Es ist sinnlos, als Mannschaftsjäger zum Einzelgänger zu mutieren oder sich als Individualist zum großen Teamspieler zu verbiegen. Besser ist es, ganz »easy« sein Talent weiterzuentwickeln.

Strategietipps für den Mannschaftsjäger

Tipp 1: Als Teamplayer gehört es zu Ihren Aufgaben, den anderen Teammitgliedern konstruktives und produktives Feedback zu geben. Beschäftigen Sie sich mit Feedbacktechniken wie Lob / Anerkennung und konstruktiver Kritik.

Tipp 2: Trainieren Sie es – etwa in einem Rollenspiel –, sich in andere Menschen hineinzuversetzen und ihre Perspektive einzunehmen. So optimieren Sie Ihre Teamfähigkeiten. Und überlegen Sie, ob Sie nicht geeignet sind, die Teamleitung zu übernehmen. Weil Sie Teaminteressen vor Einzelinteressen stellen, werden Ihnen die anderen Menschen gerne folgen.

Tipp 3: Bei aller Teamorientierung: Lassen Sie auch Ihre individuellen Stärken bei der Teamarbeit zum Zuge kommen.

Gibt es eine weitere Strategie, wie Sie Ihre Fähigkeiten als Mannschaftsstürmer erhöhen können?

Strategietipps für den Einzelstürmer

Tipp 1: Es gibt Kreativitätstechniken, die für die Einzelarbeit entwickelt worden sind, so die Walt-Disney-Strategie, bei der Sie erst in den »Traumraum«, dann in den »Macherraum« und schließlich in den »Kritikerraum« gehen, um die drei Positionen des visionären Träumers, des gestaltenden Machers und des reflektierenden Kritikasters einzunehmen. Beschäftigen Sie sich mit diesen Techniken.

Tipp 2: Sie wollen als Einzelstürmer Ihre kreativen Ideen ans Team weiterreichen. Üben Sie, wie Sie Ihre Konzepte teilnehmerorientiert präsentieren können – zum Beispiel mit Hilfe von PowerPoint, Visualisierungsmethoden und bildhafter Sprache.

Tipp 3: Begegnen Sie der Gefahr, als egoistischer Sonderling gesehen zu werden, indem Sie jede Gelegenheit nutzen, den Teammitgliedern zu verdeutlichen: »Ich bin einer von euch, habe nur eine andere Herangehensweise, Aufgaben zu bearbeiten!«

5

Ihr persönlicher Strategietipp:

Was tun, wenn Sie ein »Zwitter« sind?

Nutzen Sie sowohl die Tipps für den Mannschaftsjäger als auch die Hinweise für den Einzelstürmer, um sich weiterzuentwickeln.

Fazit Ich möchte vor allem mit folgenden Strategietipps arbeiten:

EASY!-Yin-und-Yang-Prinzip:
Springen Sie über Ihren Schatten

Wer an seiner Weiterentwicklung arbeitet, muss zuweilen über den eigenen Schatten springen und sich selbst besiegen – dazu ein Beispiel aus dem Fußball:

Als Michael Ballack im Halbfinale der Weltmeisterschaft 2002 im Spiel gegen Südkorea ein taktisches – oder wie er es nannte: ein »notwendiges« – Foul beging, vereitelte er so eine Torchance der Südkoreaner. Dafür erhielt er die zweite gelbe Karte im Turnier, die ihn von der Teilnahme am Endspiel gegen Brasilien ausschloss. Schließlich erzielte Ballack – einige Zeit nach dem Foul – auch noch den Treffer, der seine Mannschaft ins Endspiel brachte. Das bedeutete das Sahnehäubchen auf Ballacks uneigennützigem Spiel. Er hatte sich für das Team eingesetzt und musste darum auf die Endspielteilnahme verzichten. Das Teaminteresse ging ihm über seinen persönlichen Ehrgeiz.

Inwieweit Ballack bewusst so handelte, ist nicht zu entscheiden. Fest steht, dass Fußballer – auch Ballack – oft genug aus egoistischen Motiven heraus agieren. So liegt die Vermutung nahe, dass er 2002 mit seinem Foul für das Team sich selbst besiegt hat und das Teaminteresse über sein Einzelinteresse gestellt hat. Dafür musste er einen aus seiner Sicht sehr hohen Preis zahlen

Sind Sie bereit, für Ihre persönliche Weiterentwicklung und Ihre Talententfaltung über Ihren eigenen Schatten zu springen?

Nennen Sie Situationen, in denen Sie schon einmal über Ihren Schatten gesprungen sind:

EASY!-Handlungsplan zur Kompetenz »Teamorientierung«

Sie haben entschieden, welches Talent im Rahmen der »Teamorientierung« für Sie prägend ist. Nun können Sie wieder einmal die Umsetzung in Angriff nehmen.

Ich bin ein
- ▢ Mannschaftsjäger
- ▢ Einzelstürmer
- ▢ Mischtyp

und werde mein Talent entfalten, indem ich (siehe auch die EASY!-Strategietipps) meine Stärken stärke:

... und meine Schwächen kompensiere:

Folgende Aktivitäten werde ich zuerst umsetzen, um an mir zu arbeiten:

Nr.	Aktivität	wann	erl.
1			
2			
3			
4			
5			

5

Sollte ich auf Schwierigkeiten stoßen, werde ich:

Sind Sie ein

Menschenzähler

oder ein Faktenfühler?

EASY!-Einleitung:

Menschenzähler oder Faktenfühler

Entscheiden Sie über Ihr Talent:
Was interessiert Sie mehr – die Menschen oder die ZDFs?

Bei der Sozialkompetenz ist entscheidend, über welche Fähigkeiten Sie verfügen, um gemeinsam mit anderen Menschen ein Ziel zu erreichen. Typische Sozialkompetenzen sind etwa Selbstvertrauen und Eigenverantwortung, Kritikfähigkeit und Respekt, Konfliktfähigkeit und Verantwortungsgefühl. Sie sehen: Sozialkompetenz ist ein weites Feld. Für uns ist hier am wichtigsten, ob Sie in der Zusammenarbeit mit Menschen, bei der Lösung von Aufgaben und der Erreichung von Zielen eher an den Menschen oder an den ZDFs, den Zahlen, Daten und Fakten, interessiert sind.

Der Menschenzähler schaut auf die Personen, mit denen er zusammenarbeitet. Er fragt sich: Wie kann ich die Menschen bei der Aufgabenlösung so einsetzen, dass sie sich wohlfühlen und ihre Begabungen optimal ausschöpfen? Ist er zum Beispiel Fußballtrainer, schaut sich der Menschenzähler den einzelnen Spieler an und setzt ihn auf der Position ein, die ihm am besten liegt – dort den Stürmer, hier den Verteidiger. Und dann geht er die Aufgabe an, das Spiel zu gewinnen. Der Menschenzähler möchte seine Aufgabe gut lösen. Wichtiger aber ist ihm die Zufriedenheit der Menschen – auch seine eigene.

Der Faktenfühler denkt und handelt aufgabenorientiert. Die Menschen stehen bei ihm an zweiter Stelle. Er will die Aufgabe lösen, das Spiel gewinnen, und fragt sich: »Wie kann ich die Spieler so einsetzen, dass wir den Sieg davontragen?« So kann es durchaus sein, dass der passionierte Stürmer in der Abwehr verteidigt, weil er nach Meinung des Faktenfühlers so am meisten dazu beiträgt, die Aufgabe »Spielgewinn« zu lösen.

Gibt es in Ihrem Umfeld einen typischen Faktenfühler? Und einen klassischen Menschenzähler? Beschreiben Sie diese Personen.

EASY!-Entscheidungsfrage:

Was trifft auf Sie zu?
☐ Ich bin ein Menschenzähler.
☐ Ich bin ein Faktenfühler.
☐ Ich bin mir nicht sicher.

Wenn Sie genau wissen, welches Talent bei Ihnen die größte Ausprägung hat, können Sie direkt mit der EASY!-Strategie fortfahren. Ansonsten sollten Sie zunächst einmal in die EASY!-Analyse gehen.

EASY!-Analyse:
Stellen Sie fest, wer Sie sind

So manche unserer EASY!-Talente genießen einen schlechteren Ruf als andere. Unsere Erfahrung in der praktischen Anwendung des EASY!-Projekts zeigt zum Beispiel, dass es viele Menschen nicht so gerne zugeben, wenn bei ihnen eher die Aufgabenorientierung und die Konzentration auf Zahlen, Daten und Fakten dominiert. Angenehmer scheint es offenbar, sich als Menschenzähler zu outen.

Offenheit ist Trumpf. Dieses Buch kann Ihnen nur helfen, Ihren Talenten auf die Spur zu kommen, sie zu entfalten und auszubauen, wenn Sie sich ehrlich zu Ihren Stärken und Schwächen bekennen. Und das gilt auch für die folgenden Hinweise, mit denen Sie prüfen, ob Sie eher ein Menschenzähler oder ein Faktenfühler sind.

Schauen Sie Fernsehen

Welche Kriterien sind für Sie bei der Auswahl eines Spielfilms wichtig, den Sie sich im Fernsehen anschauen wollen? Ist es der Unterhaltungswert? Oder ist es die Informationsdichte? Wollen Sie zuallererst etwas erfahren, lernen, nachvollziehen? Oder blättern Sie das Programm durch und schauen, ob heute einer Ihrer Lieblingsschauspieler oder -schauspielerinnen präsent ist? Nach der Devise »Welcher Film läuft, ist mir nicht so wichtig – Hauptsache, Paul Newmann spielt mit!«. Unsere Vermutung: Im ersten Fall tendieren Sie zum Faktenfühler, im zweiten zum Menschenzähler.

Lesen!

Die gleichnamige TV-Sendung ist 2008 abgesetzt worden, auf Elke Heidenreichs Lektüreempfehlungen müssen wir verzichten. Was lesen Sie lieber? Den großen Schicksalsroman, der das Leben und Wirken, das Leiden und Sterben eines Menschen in den Mittelpunkt stellt? Oder den Historienschinken, der detailreich und informativ eine Epoche nacherzählt? Viele Menschen informieren sich am Frühstückstisch in einer Tageszeitung. Diese besteht aus so genannten »Büchern«: Politik, Wirtschaft, Sport, Lokales, Buntes/Magazin, Kultur/Feuilleton. Lesen auch Sie diese »Bücher« in einer ganz bestimmten Reihenfolge? Was also lesen Sie in Ihrer Tageszeitung zuerst? Den Politik- oder Wirtschaftsteil oder das »Bunte«, das Magazin, die Promi-Nachrichten?

Planen Sie einen Familienausflug

Stellen Sie sich vor, Sie wollen mit Ihrem Partner und/oder Ihren Kindern einen Ausflug machen. Sie erhalten den »Auftrag«, den Ausflug zu planen und zu organisieren. Überlegen Sie sich zuerst ein oder mehrere Ausflugsziele – und stellen sie dann der Familie vor? Oder interviewen Sie zunächst einmal alle Familienmitglieder, erfragen Wünsche und Erwartungen – und machen sich dann auf die Suche nach Ausflugszielen?

6

EASY!-Analyseergebnis:

Können Sie jetzt eine Entscheidung treffen?
- ☐ Ich bin ein Menschenzähler.
- ☐ Ich bin ein Faktenfühler.
- ☐ Bei mir dominiert eine Mischung aus beiden Talenten.

EASY!-Strategie:

Bauen Sie Ihr Talent aus

Die EASY!-Philosophie beruht darauf, Stärken auszubauen. Das ist leichter, als Talente entfalten zu wollen, über die man gar nicht verfügt. Manche verstehen dies dahingehend, dass nun überhaupt nicht an den Schwächen gearbeitet werden soll. Das ist ein Missverständnis und gilt in dieser Pauschalität nicht. Wenn Sie Kompetenzlücken entdecken und der Meinung sind, sie müssten geschlossen werden, sollten Sie die entsprechenden Aktivitäten angehen.

Strategietipps für den Menschenzähler

Tipp 1: Verbessern Sie Ihre Menschenkenntnis, indem Sie sich mit Typologien der Persönlichkeitsanalyse beschäftigen. Immer kommt es darauf an, durch konkretes Beobachten menschlichen Verhaltens auf Persönlichkeit und Charakter zu schließen.

Tipp 2: Beziehen Sie auch Ihre Intuition, Ihr Bauchgefühl ein, wenn Sie andere Menschen einschätzen. Rationalität und Intuition – beides öffnet den Zugang zum Gegenüber. Und Menschenkenntnis setzt Selbstkenntnis voraus. Also: »Erkennen Sie sich selbst!«

Tipp 3: Verlieren Sie angesichts der Menschenorientierung nicht die Aufgabe aus den Augen. Beziehen Sie bei Entscheidungen auch die Faktenlage ein.

Wie lautet Ihre persönliche Strategie auf dem Weg zum Menschenzähler?

Strategietipps für den Faktenfühler

Tipp 1: Verstärken Sie Ihre Fähigkeit, Situationen zu analysieren, indem Sie die entsprechenden Instrumente erlernen, zum Beispiel die SWOT-Analyse oder die Portfoliotechnik. Beschäftigen Sie sich mit der Frage, wie Sie zielorientiert wichtige Informationen von unwesentlichen Fakten trennen können.

Tipp 2: Erweitern Sie Ihre Recherchefähigkeiten, erlernen Sie die professionelle Suche nach wichtigen Informationen – etwa mit Hilfe des Internets.

Tipp 3: Faktenfühler werden zuweilen als langweilige Aktenwälzer bezeichnet, die das Studium in stillen Kämmerlein lieben. Verdeutlichen Sie, dass Ihre Aufgabenorientierung auch den Menschen dient – Sie lösen Aufgaben und Probleme!

Haben Sie eine weitere Idee, wie Sie sich zu einem noch besseren Faktenfühler entwickeln können?

6

Was tun, wenn Sie sowohl zu den Menschenzählern als auch zu den Faktenfühlern gehören?

Nutzen Sie alle genannten sechs Hinweise für Ihre Weiterentwicklung.

Fazit Für mich sind folgende Strategietipps von besonderem Interesse:

EASY!-Yin-und-Yang-Prinzip:

Lassen Sie zu, dass eine Stärke auch einmal in eine Schwäche umschlagen kann

Sie werden bei der Anwendung der EASY!-Living-Prinzipien feststellen, dass eine vermeintliche Stärke zuweilen in eine Schwäche umschlagen kann. Das trifft zum Beispiel zu, wenn ein Charakterzug zu stark und dominant ausgeprägt ist:

- Wenn der Faktenfühler die Menschen vollkommen aus den Augen verliert, droht er eine Aufgabe mit einem gewissen Fanatismus zu verfolgen. Ihm geht es dann um die Aufgabenerfüllung an sich – egal, wie der Weg dorthin ausschaut.
- Wenn sich beim Menschenzähler alles nur noch ums Wohlfühlen dreht, sind alle Beteiligten vielleicht zunächst einmal glücklich und zufrieden. Die Sache aber bleibt auf der Strecke. Und das ist letztendlich nicht im Sinne der beteiligten Personen.

Ähnliche Umschwünge gibt es auch bei allen anderen Kompetenzen und Talenten. Natürlich können Sie darauf achten, dass so etwas nicht (allzu häufig) passiert. Aber manchmal ist es einfach die Situation, die Sie quasi in eine »extreme Position« hineintreibt, ohne dass Sie dies wünschen oder beabsichtigen. Sie müssen als Faktenfühler unter Zeitdruck eine aufgabenorientierte Entscheidung treffen und nehmen dabei auf die Menschen weniger Rücksicht, als eigentlich notwendig wäre. Sie rücken also die Aufgabenorientierung mehr als nötig in den Fokus. Wenn so etwas passiert, müssen Sie die Situation akzeptieren und aufpassen, dass Sie sie durch Ihr weiteres Verhalten nicht noch verschärfen. Ähnliches gilt für den Menschenzähler: Wenn dieser in einer Diskussion zu keiner Entscheidung gelangt, weil er auch noch eine dritte und vierte Meinung hören will – der Menschenzähler will ja alle Beteiligten integrieren –, sollte er darauf achten, dass die Situation nicht eskaliert.

Können Sie sich eine Situation vorstellen, in der Sie Ihr Talent als Schwäche definieren müssen?

6

EASY! -Handlungsplan zur Kompetenz »Sozialkompetenz«

Sie haben nun entschieden, ob Sie eher Menschenzähler oder Faktenfühler sind. Schreiten Sie jetzt zur Umsetzung.

Ich bin ein
☐ Menschenzähler
☐ Faktenfühler
☐ »Zwitter«

und werde mein Talent entfalten, indem ich (siehe auch die EASY!-Strategietipps) meine Stärken stärke:

... und meine Schwächen kompensiere:

Mit folgenden Aktivitäten nehme ich meine Zielerreichung in Angriff:

Nr.	Aktivität	wann	erl.
1			
2			
3			
4			
5			

6

Beginnen werde ich mit:

Sind Sie ein
Labyrinthbeherrscher

oder ein
Zielscheibentreffer?

7

EASY!-Einleitung:

Labyrinthbeherrscher oder Zielscheibentreffer

**Entscheiden Sie über Ihr Talent:
Wie gehen Sie durchs Leben?**

Die Flexibilitätsfreunde erfinden sich jeden Tag aufs Neue und sehen ihr Leben als ein riesiges Labyrinth, dessen Ecken es auszukundschaften gilt. Auch die versteckten, unheimlichen, unzugänglichen.

Die Zielstrebigkeitsanhänger interessiert, wie sie sich konsequent einer Idealvorstellung annähern können. Ihre Veränderungsbereitschaft muss im Dienste des Volltreffers stehen. Sie fragen sich, inwiefern die Veränderung sie zu ihrem Ziel führt.

»Flexibilität ist alles« – so das Lebensmotto des Labyrinthbeherrschers. Er lebt nicht in den Tag hinein, auch er hat Ziele, aber er betrachtet das Leben als Abenteuer und spannende Herausforderung. Sich stets zielstrebig auf einer Linie voranzubewegen – diese Vorstellung ist ihm ein Graus.

Seine Kreativität, sein Einfallsreichtum und seine Innovationsbereitschaft beziehen sich auf viele Lebensbereiche. Ein Tag, an dem dieser Hans Dampf in allen Gassen nicht etwas Neues kennen gelernt hat – einen fremden Menschen, ein interessantes Themengebiet –, ist für ihn ein verlorener Tag. Und darum droht er sich ab und an zu verzetteln.

Der Zielscheibentreffer denkt und handelt fokussiert, er fragt sich: Bringt mich das, was ich tue, meinem Ziel näher? Er weiß, dass ihn das Scheuklappen-Syndrom behindern könnte, aber dies nimmt er in Kauf, solange es ihm gelingt, sein Projekt, seine Arbeit, sein Umfeld und sich selbst zielstrebig auf Kurs zu halten. Seine Kreativität ufert nicht aus, sondern ist auf den Punkt konzentriert. Bei anderen Menschen ist er beliebt, weil er es versteht, in verfahrenen Situationen und Diskussionen, die in der Sackgasse stecken, den Blick aufs Wesentliche zu lenken.

Wie würden Sie die Charaktere »Labyrinthbeherrscher« und »Zielscheibentreffer« beschreiben?

EASY!-Entscheidungsfrage:

7

Bitte entscheiden Sie sich wieder einmal:
☐ Ich bin ein Labyrinthbeherrscher.
☐ Ich bin ein Zielscheibentreffer.
☐ Ich möchte dies erst einmal überprüfen.

Sie wissen, über welches Talent Sie bei der EASY!-Living-Kompetenz »Veränderungsbereitschaft« verfügen? Dann geht es für Sie weiter mit der EASY!-Strategie. Ansonsten führen Sie jetzt die EASY!-Analyse durch.

EASY!-Analyse:

Stellen Sie fest, wer Sie sind

Die Tipps, die ich Ihnen in der EASY!-Analyse gebe, sind zumeist ungewöhnlich und für den einen oder anderen unter Ihnen gewiss gewöhnungsbedürftig. Aber dies geschieht mit Absicht, denn 08/15-Hinweise helfen selten weiter. Oft wird das Bauchgefühl, Ihre Intuition, Ihnen »einflüstern«, über welches Talent Sie verfügen. Ich möchte Sie ermutigen, Ihrem Bauchgefühl zu vertrauen, auch wenn Sie eher der nüchterne Zahlenfreak sind und sich lieber auf Fakten verlassen. Der Grund: Ratio und Intuition stellen sich ergänzende Aspekte des Menschseins dar – nutzen Sie Vernunftgründe und Ihre »innere Stimme«, um herauszufinden, wer Sie sind.

Erinnern Sie sich an Ihre Jugend

Manche Menschen wissen schon in jungen Jahren, was sie später einmal – beruflich und privat – erreichen wollen. Andere vagabundieren herum und lassen sich von den Ereignissen auf ihre Ziele zutreiben. Nehmen Sie sich bitte einen Notizblock und schreiben Sie Ihre wichtigen Lebensentscheidungen auf. Wann sind diese Entscheidungen gefallen? Wie sind sie gefallen? Geplant oder spontan? Ohne eigenes Zutun oder mit Hilfe eines konkreten Plans?

Sie können erste Überlegungen auch hier notieren:

Prüfen Sie Ihre Reaktionsweise bei einschneidenden Lebensereignissen

Haben Sie schon einmal einen Schicksalsschlag erlitten, der Ihre Pläne, Vorhaben und Ziele vollkommen auf den Kopf gestellt hat? Wie haben Sie reagiert?

- ◻ Sie haben den Schicksalsschlag als Wegscheide begrüßt und überlegt, in welche Richtung Ihr Leben sich nun weiterentwickeln soll.
- ◻ Sie haben ihn als unvermeidliches Lebensereignis akzeptiert und als einen logischen Schritt auf dem Weg zu Ihrem Lebensziel definiert.

Spielen Sie »Wer wird Millionär?«

Sie sitzen bei Günter Jauch auf dem berühmt-berüchtigten Stuhl und der Moderator fragt Sie, was Sie mit Ihrem Gewinn von, sagen wir, 125 000 Euro machen würden. Was antworten Sie? Können Sie direkt und zielstrebig sagen, für welches konkrete Ziel Sie das Geld verwenden wollen? Oder kommen Sie ins Grübeln und können keine konkrete Antwort geben, nach dem Motto: »Da muss ich mal schauen, wo es am besten passt ...«

7

EASY!-Analyseergebnis:

Wissen Sie jetzt, welcher Typ Sie sind?
- ☐ Ich bin ein Labyrinthbeherrscher und Flexibilitätsfreund.
- ☐ Ich bin ein Zielscheibentreffer und Zielstrebigkeitsanhänger.
- ☐ Ich habe Anteile beider Talente in mir.

EASY!-Strategie:

Bauen Sie Ihr Talent aus

Mit der Auswahl der EASY!-Living-Kompetenzen wird so mancher von Ihnen nicht einverstanden sein. Vielleicht vermissen Sie Kompetenzen, eventuell würden Sie die eine Kompetenz durch eine andere ersetzen wollen. Klar ist: Natürlich ist die Auswahl einerseits subjektiv. Auf der anderen Seite deckt sie die wichtigsten Kompetenzmodelle ab, umfasst also die grundlegenden Kompetenzen, die in all diesen Modellen aufgeführt werden.

Wie aber bauen Sie Ihr jeweiliges Talent aus?

Strategietipps für den Labyrinthbeherrscher

Tipp 1: Machen Sie sich in Teamsitzungen oder Gruppenversammlungen zum Sachwalter der Veränderung. Die meisten Menschen halten lieber am Status quo fest und scheuen Veränderungen. Überwinden Sie die Beharrungskräfte bei anderen Menschen und fördern Sie deren Veränderungsbereitschaft.

Tipp 2: Ihnen fällt es leicht, sich in neue Themengebiete einzuarbeiten. Erweitern Sie darum ständig Ihren Horizont und vergrößern Sie Ihr Labyrinth.

Tipp 3: Begegnen Sie der Verzettelungsgefahr. Prüfen Sie: »In welche Richtung möchte ich mich entwickeln?«

Gibt es einen weiteren Ratschlag, der Ihnen hilft, Ihr Talent als Labyrinthbeherrscher auszubauen?

Strategietipps für den Zielscheibentreffer

Tipp 1: Erlernen Sie Methoden, um den Zielsetzungsprozess zu optimieren. Beachten Sie etwa das Pareto-Prinzip, nach dem Sie mit 20 Prozent der richtigen Arbeit 80 Prozent der gewünschten Ergebnisse erzielen.

Tipp 2: Zielkonzentration und Fokussierung führen zur Anspannung. Bauen Sie in Ihren Alltag Entspannungsübungen ein, die stressmindernd wirken und mit denen Sie neue Energien tanken, um Ihre Ziele wieder konsequent verfolgen zu können.

Tipp 3: Achten Sie darauf, dass die Scheuklappen, die Sie aufgrund Ihrer Zielorientierung aufhaben (ja: aufhaben müssen), Sie nicht behindern. Nehmen Sie sich vor, immer wieder einmal die Scheuklappen abzusetzen und zur Seite zu schauen.

Formulieren Sie eine Strategie, die Ihnen hilft, Ihr Talent als Zielscheibentreffer zu verbessern:

Wenn Sie Ihre Zielscheibe gerne im Labyrinth aufstellen, also Anteile beider Talente relativ gleichmäßig in sich tragen ...

... dann sollten Sie alle genannten Tipps für Ihre Weiterentwicklung einsetzen.

Fazit Ich halte vor allem folgende Strategietipps für sinnvoll:

EASY! - Yin-und-Yang-Prinzip:

Akzeptieren Sie, dass Entscheidungen immer auch mit Abschieden zu tun haben

In diesem Buch werden Ihnen des Öfteren Entscheidungen abverlangt. Eine Entscheidung bedeutet immer ein »Jawort« für etwas – und den Ausschluss einer anderen Option, einer Alternative. Sicherlich: EASY! heißt, das eine zu tun, ohne das andere zu lassen. Viele Menschen glauben, es gebe nur die »Entweder-oder-Haltung«, und vergessen darüber zu prüfen, ob nicht ein »Sowohl-als-auch« möglich und sinnvoller ist. Dies kann aber nicht darüber hinwegtäuschen, dass wir uns häufig entscheiden müssen – und damit auch verabschieden. Dies ist in unserer Natur begründet – für den Philosophen und Soziologen Arnold Gehlen kommen wir als unspezialisierte biologische Mängelwesen auf die Welt. Was heißt das?

Während im Tierreich viele Lebewesen aufgrund ihrer Handform – man unterscheidet Hangler-, Lauf-, Greif-, Krallen- oder Schaufelhände – von vornherein in der Lage sind, lediglich eine spezialisierte Tätigkeit auszuüben, ist die menschliche Hand kein Spezialwerkzeug. Wir können mit unseren Händen alles Mögliche anfangen – wir können und müssen aus einer Vielzahl an Möglichkeiten auswählen und entscheiden, ob wir damit Gebäude bauen, Zeichnungen anfertigen, Bäume fällen, boxen oder Bücher schreiben. Darin liegt der Segen unserer Freiheit, aber zugleich ihr Fluch. Denn die Entscheidung für eine Spezialisierung bedeutet, sich von anderen Möglichkeiten unwiderruflich zu verabschieden. Und das geht oft mit Tränen und Schmerzen einher.

Notieren Sie hier Ihre »Abschiede«. Was bedeuteten sie für Sie?
Wie gehen Sie damit um?

7

EASY! -Handlungsplan zur Kompetenz »Veränderungsbereitschaft«

Sie wissen nun, welcher EASY!-Typ Sie in Sachen »Veränderungsbereitschaft« sind. Jetzt können Sie an die Umsetzung gehen.

Ich bin ein
- ☐ Labyrinthbeherrscher
- ☐ Zielscheibentreffer
- ☐ Mischtyp

und werde mein Talent entfalten, indem ich (siehe auch die EASY!-Strategietipps) meine Stärken stärke:

... und meine Schwächen kompensiere:

Meine ersten Schritte zur Zielerreichung bestehen darin, folgende Aktivitäten umzusetzen:

Nr.	Aktivität	wann	erl.
1			
2			
3			
4			
5			

Mein allererster Schritt ist dabei:

Sind Sie ein Höhenflieger

oder ein

Langstreckenläufer?

8

EASY!-Einleitung:

Höhenflieger oder Langstreckenläufer

Entscheiden Sie über Ihr Talent: Entwerfen Sie die Zukunft oder nehmen Sie die Dinge in die Hand?

Bei nur wenigen Kompetenzen sind die Unterschiede zwischen den Talentausprägungen so augenscheinlich wie bei der Visionskraft und der Gestaltungsenergie. Vergegenwärtigen Sie sich Ihr Team oder die Menschen, mit denen Sie viel zu tun haben: Fast immer gibt es

- jemanden, der tolle Ideen am Fließband entwickelt und die Zukunft, die am Horizont aufscheint, in leuchtenden Farben ausmalt – ohne Gedanken über die Machbarkeit anzustellen –, und
- den Machertyp, der die Dinge beherzt und mit langem Atem umsetzt.

Der Visionär hat eine feste Vorstellung davon, wie es um sein Leben, sein berufliches Fortkommen und seine private Entwicklung in drei, fünf oder zehn Jahren bestellt ist. Dafür fehlt es ihm an Pragmatismus und Geduld in der Gegenwart. Dabei ist er kein Utopist, sondern glaubt daran, dass seine Ideen sich eines Tages verwirklichen lassen. Er verabscheut nichts mehr als »Machbarkeitsstudien«, weiß aber zugleich, dass Visionen ohne konkrete Handlungen Schimären und Halluzinationen bleiben. Trotzdem droht er ab und an als Höhenflieger den Boden unter den Füßen zu verlieren.

»Wer Visionen hat, der soll zum Arzt gehen«, so einst Alt-Bundeskanzler Helmut Schmidt. Ganz so extrem sieht es der Gestalter nicht, aber er ist schon der Meinung, man müsse mit viel Geduld, Fleiß und Ausdauer einen Handlungsschritt vor den anderen setzen und eine Aktion an die nächste reihen, um Dinge auf den Weg zu bringen. Mit seinen ewigen Fragen: »Ist das denn auch realistisch? Wie lässt sich das umsetzen?« nervt er den Visionär, dem er wiederum die Kraft zu handeln abspricht. Als Langstreckenläufer ist er an lange Distanzen gewöhnt und verfolgt Ziele zäh und unnachgiebig. Dabei vergisst er zuweilen, zwischendurch nach links oder rechts zu schauen und zu prüfen, ob er in seinen Handlungen wirklich effektiv vorgeht.

EASY!-Entscheidungsfrage:

Ihre Entscheidungsstärke ist gefragt:

☐ Ich bin ein visionärer Höhenflieger.
☐ Ich bin ein gestaltender Langstreckenläufer.
☐ Ich weiß noch nicht.

8

Wissen Sie, wie es bei der EASY!-Living-Kompetenz »Visions- und Gestaltungskraft« bei Ihnen aussieht? Wenn ja, dann entwickeln Sie jetzt bitte Ihre EASY!-Strategie. Im anderen Fall gehen Sie an die EASY!-Analyse.

EASY!-Analyse:
Stellen Sie fest, wer Sie sind

Wahrscheinlich fällt es Ihnen nicht allzu schwer, festzulegen, welchem Typus Sie hinsichtlich »Visions- und Gestaltungskraft« angehören. Sie sollten aber gerade bei eindeutigen Festlegungen vorsichtig sein und eine zweite oder dritte Meinung einholen, also andere Menschen bitten, Sie zu charakterisieren. Bei der Selbsteinschätzung versinken wir häufig in einer Black Box; wir sind nicht in der Lage, das Naheliegende zu erkennen, wenn es um uns selbst geht. Wir nehmen Teile unseres Ichs einfach nicht wahr – der blinde Fleck hindert uns daran.

Fragen Sie sich einmal: Wie oft habe ich mich schon über Menschen gewundert, die sich selbst so ganz anders einschätzen, als sie meiner Ansicht nach sind? Warum klaffen die Beurteilung der eigenen Person und die Einschätzung durch andere Menschen oft meilenweit auseinander?

Greifen Sie noch einmal zum Tonband

Bei der nächsten wichtigen Versammlung, Konferenz oder beim nächsten bedeutenden Gruppentreffen nehmen Sie wieder Ihr Tonband mit. Es geht darum, dass Sie Ihre Wortbeiträge mitschneiden. Analysieren Sie anschließend Ihre Äußerungen: Gehen diese in die Umsetzungsrichtung, unterbreiten Sie also Vorschläge, wie die Gruppe die PS auf die Straße bekommt? Oder äußern Sie eher kreative Ideen und Einfälle und überraschen die Gruppe mit neuen Vorschlägen?

Werden Sie zum Baumeister

Angenommen, Sie hätten die Möglichkeit, Ihren Arbeitsplatz, Ihr Unternehmen, Ihr familiäres Umfeld, Ihre Wohnung nach Ihren Wünschen zu gestalten und zu bearbeiten:

- Arbeiten Sie eher *in* einer Sache – etwa in Ihrer Wohnung? Ziehen Sie also die Wände hoch, streichen Sie, tapezieren Sie, verlegen Sie den Parkettfußboden? Werden Sie aktiv, handeln Sie?
- Oder ist es Ihnen lieber, wenn Sie *an* einer Sache arbeiten? Überlegen Sie also, wie die Wohnung idealerweise ausschauen könnte? Arbeiten Sie mit »Ihrem geistigen Auge« an der optimalen Ausgestaltung Ihres Domizils? Planen Sie, überlegen Sie, »visionieren« Sie?

Geben Sie sich 48 Stunden Zeit

Es gibt eine Regel, die besagt, wir müssten Dinge, die wir uns vorgenommen haben, nach spätestens 48 Stunden auf die Umsetzungsschiene gebracht haben. Andernfalls sei die Chance gleich null, jemals ins Handeln zu kommen. Wie verhält es sich bei Ihnen? Realisieren Sie Vorhaben normalerweise innerhalb dieser Frist?

8

EASY!-Analyseergebnis:

Können Sie sich jetzt entscheiden?
- ☐ Ich bin ein visionärer Höhenflieger.
- ☐ Ich bin ein gestaltender Langstreckenläufer.
- ☐ In mir sind beide Talente angelegt.

EASY! -Strategie:

Bauen Sie Ihr Talent aus

Bei den Strategietipps, die ich Ihnen an die Hand gebe, weiß ich leider nie so genau, ob sie tatsächlich allesamt auf Sie zutreffen. Darum sind immer wieder Ihr persönliches Engagement und Ihre Mithilfe gefragt. Verstehen Sie die Tipps als Anregungen, um eigene Ideen zu Ihrer Talententfaltung zu kreieren. Diskutieren Sie mit anderen Menschen, informieren Sie sich zum jeweiligen Thema, lesen Sie Bücher und Zeitungsartikel, surfen Sie im Internet.

Strategietipps für den Höhenflieger

Tipp 1: Visionäre verfügen über eine große Inspirationskraft. Setzen Sie sich bewusst Situationen aus, in denen Sie mit Menschen an neuen Aufgaben arbeiten können, um die anderen zu begeistern und zu überzeugen.

Tipp 2: Als Höhenflieger brauchen Sie konkrete Instrumente, um Visionen zu formulieren – nutzen Sie die Technik der »Retropolation«. Dabei lösen Sie sich von den gegenwärtigen Strukturen, unternehmen eine Zukunftsreise und entwickeln ein Fernziel, also einen Soll-Zustand, den Sie auf die Gegenwart zurückbeziehen.

Tipp 3: Zwingen Sie sich, ab und zu Ihren Ideen und Visionen konkrete Umsetzungsschritte folgen zu lassen. So begegnen Sie der Gefahr, zu oberflächlich und sprunghaft zu sein.

Was können Sie von visionären Menschen wie Martin Luther King, Bill Gates oder Willy Brandt lernen?

Strategietipps für den Langstreckenläufer

Tipp 1: Umsetzungsaktionen benötigen immer entschlossenes Handeln. Scheuen Sie sich nicht, in Gruppen oder Teams Verantwortung und das Führungsruder zu übernehmen. Berücksichtigen Sie dabei aber die Gefühle und Bedürfnisse derjenigen, die nicht so handlungsstark sind wie Sie.

Tipp 2: Stärken Sie die Fähigkeit, andere Menschen mitzureißen und zu motivieren, bei der Umsetzung zu helfen. Beschäftigen Sie sich mit Motivationsstrategien und Motivationstechniken.

Tipp 3: Als Gestalter wirken Sie auf andere oft dominant, selbstherrlich, besserwisserisch. Zügeln Sie Ihre Ungeduld und versuchen Sie, sich in andere einzufühlen.

Was können Sie von Machertypen wie Gerhard Schröder oder Helmut Schmidt lernen?

Hinweis für den visionären Gestalter und den agierenden Visionär

Wenn Sie zu den Menschen zählen, die genauso gut Zukünfte entwerfen können, wie sie Dinge anpacken, sollten Sie mit allen vorstehenden Tipps arbeiten.

 Mich interessieren vor allem folgende Strategietipps:

EASY! -Yin-und-Yang-Prinzip:

Tolerieren Sie Ihre Schwächen und die Tatsache, dass Sie manche Dinge einfach nicht erlernen können

EASY! Living heißt, dass Sie Ihre Talente, Begabungen und Stärken erkennen, aufbauen, ausbauen und stärken. Das ist die positive Nachricht. Die weniger erfreuliche heißt: Sie haben auch Schwächen. Unerfreulich ist diese Nachricht aber nur, weil die meisten Menschen Probleme haben, ihre Schwächen zu akzeptieren und sich mit den Bereichen auseinanderzusetzen, in denen sie ganz offensichtlich inkompetent sind. Sie umhüllen sie mit dem Deckmäntelchen des Schweigens. Darum ist es in Deutschland so schwierig, eine konstruktive Fehlerkultur zu etablieren, die es erlaubt, vermeintliche Misserfolge als notwendige Resultate auf dem Weg zum Ziel zu definieren. Hören Sie also genau hin, wenn Sie aus Ihrer Umgebung – vor allem im beruflichen Umfeld – deutliche Hinweise auf Ihre Inkompetenz erhalten.

Akzeptieren Sie Ihre Fehler und versuchen Sie, sie auszugleichen. Schon Sokrates hat gesagt: »Ich bin der intelligenteste Mensch von Athen, weil ich alle meine Schwächen kenne.« Akzeptieren Sie aber auch, dass die Menschen unterschiedlich sind und jeder Mensch Schwächen hat, die er einfach nicht kompensieren kann. Verschwenden Sie keine wertvolle Zeit und Energie darauf, sich mit Kompetenzlücken zu beschäftigen, die Sie selbst mit dem allergrößten Kraftaufwand nicht schließen können.

Also: Wie gehen Sie mit Ihren Schwächen um? Wie wollen Sie in Zukunft mit ihnen umgehen?

EASY! Handlungsplan zur Kompetenz »Visions- und Gestaltungskraft«

Sie sind nun sicher, welches Talent Sie im Rahmen der »Visions- und Gestaltungskraft« prägt. Jetzt geht es wieder an die Umsetzung.

Ich bin ein
- ☐ visionärer Höhenflieger
- ☐ gestaltender Langstreckenläufer
- ☐ visionärer Gestalter oder agierender Visionär

und werde mein Talent entfalten, indem ich (siehe auch die EASY!-Strategietipps) meine Stärken stärke:

... und meine Schwächen kompensiere:

Um mich weiterzuentwickeln, werde ich zunächst folgende Aktivitäten in Angriff nehmen:

Nr.	Aktivität	wann	erl.
1			
2			
3			
4			
5			

Mit meinen Schwächen gehe ich folgendermaßen um:

8

Sind Sie ein

Weg-von-Motivator

oder ein

Hin-zu-Motivator?

EASY!-Einleitung:

Weg-von-Motivator oder Hin-zu-Motivator

Entscheiden Sie über Ihr Talent:
Wie bringen Sie Dinge voran – mit Zuckerbrot oder Peitsche?

»Wenn du jetzt nicht dein Zimmer aufräumst, stolpere ich heute Nacht über dein Spielzeug und du wachst auf und bist morgen müde!« – »Wenn Sie nicht genügend Umsatz machen, sinkt Ihre Provision!«

Sind Sie ein Mensch, der andere motiviert, indem er ihnen die unerwünschten Konsequenzen vor Augen führt und zeigt, wie sie Schmerz vermeiden können? Dann sind Sie ein Weg-von-Motivator.

Oder gehören Sie zu den Hin-zu-Motivatoren, die anderen in bunten Farben schildern, was sie durch ihr Verhalten erreichen können? »Wenn du dein Zimmer aufräumst, kann ich heute Nacht ganz ruhig in dein Zimmer schleichen und nachsehen, ob alles in Ordnung ist. Du schläfst durch und bist morgen ausgeruht.« – »Wenn Sie es schaffen, das Umsatzziel zu erreichen, winkt die vereinbarte Provision!«

Der Schmerzvermeider denkt an die negativen Auswirkungen seiner Einstellungen und Handlungen. Indem er Schmerzen verursacht – zumindest in der Vorstellung –, vermeidet er sie. Das ist sein Ziel, auch bei der Selbstmotivation. Klassisches Beispiel ist der Wille, abzunehmen oder das Rauchen aufzugeben. Der Weg-von-Motivator sagt sich, dass er seine Gesundheit ruiniert und sein Leben verkürzt, wenn er nicht abnimmt oder die Qualmerei einstellt.

Der Freudeverursacher will auch Pfunde verlieren und Geld sparen, indem er sich nicht weiterhin täglich mit Sargnägeln versorgt. Aber die Stoßrichtung seiner Motivationsstrategie ist eine andere: Er stellt sich vor, wie er vom ersparten Geld eine Reise macht oder aufgrund seiner gesunden Lebensweise im Kreis der Urenkel seinen 100. Geburtstag feiert.

Übrigens: Bei der Weg-von-Motivation geht es nicht darum, Schmerz zu verursachen oder negative Folgen anzudrohen und zu strafen: »Wenn du das Zimmer nicht aufräumst, bekommst du Stubenarrest.« Wer Menschen auf diese Weise zu etwas bewegen will, befindet sich auf dem Holzweg.

EASY!-Entscheidungsfrage:

Wie motivieren Sie sich und andere?

☐ Ich bin ein Weg-von-Motivator.
☐ Ich bin ein Hin-zu-Motivator.
☐ Ich weiß es noch nicht.

9

Wenn Sie sicher sind, wie es bei Ihnen um die Kompetenz »Motivation« bestellt ist, dann entwickeln Sie jetzt bitte Ihre EASY!-Strategie. Wenn nicht, steht die EASY!-Analyse an.

EASY!-Analyse:

Stellen Sie fest, wer Sie sind

Kennen Sie Fernsehsendungen, in denen von Menschen, die einer Entscheidungs- oder Stresssituation ausgesetzt sind, ein Videofilm gedreht wird? Bei der »Super-Nanny« etwa wird aufgenommen, wie die Eltern – Mutter und Vater zugleich – auf ein achtjähriges Kind einreden, es nicht zu Wort kommen lassen, es beschimpfen und einschüchtern. Wenn ihnen dann der Film vorgeführt wird, fallen sie aus allen Wolken. Sie wussten, dass sie in der Erziehungsarbeit Fehler machen – dass es aber so schlimm um ihr Verhalten bestellt ist, damit hatten sie nicht gerechnet. Ähnlich ergeht es Führungskräften, wenn sie Filmsequenzen vorgespielt bekommen, in denen sie sich mit Mitarbeitern auseinandersetzen und Gespräche mit ihnen führen: »Was, das bin ich, so verhalte ich mich?«

Gerade beim Motivieren anderer Menschen liegen Selbsteinschätzung und Realität meilenweit auseinander. Darum ist es sehr wichtig, die folgenden Tipps zu beherzigen.

»Schau mir in die Augen, Kleines«

Ihre Vorgehensweise bei der Fremdmotivation wird sich von Ihrer Selbstmotivation nicht groß unterscheiden. Darum sollten Sie sich tief in die Augen schauen und sich – durchaus selbstkritisch – fragen:

☐ »Wie gehe ich bei der Zielerreichung vor? Motiviere ich mich durch ›Androhung‹ der negativen Konsequenzen oder bewege ich mich durch die Veranschaulichung der positiven Folgen auf mein Ziel zu?«

▫ »Wie verhalte ich mich in Alltagssituationen, wenn ich meine Kinder/meinen Partner/meine Mitarbeiter/meine Kollegen im Verein von etwas überzeugen und zu etwas bewegen will?«

Drehen Sie einen Action-Film

Wenn es Ihnen technisch möglich ist, sollten Sie sich im privaten Umfeld oder am Arbeitsplatz einmal dabei filmen lassen, wenn Sie Motivationssituationen zu bewältigen haben.

Gute Zeiten – schlechte Zeiten

Wie haben Sie sich als Schüler verhalten, wenn Klassenarbeiten anstanden? Haben Sie gelernt, um eine gute Note zu erhalten, um eventuell eine Taschengelderhöhung bei den Eltern durchzusetzen oder gar, um einen guten Notendurchschnitt zu bekommen, damit Sie später einmal studieren können? Oder haben Sie gelernt, um ungute Gefühle zu vermeiden, haben Sie sich die möglichen »Schmerzen« und Nachteile vergegenwärtigt, um sie dann zu vermeiden? Dachten Sie »Wenn ich keine gute Note erhalte, dann habe ich versagt, dann kann ich meinen Traumjob vergessen, dann verliere ich in der Klasse und bei den Lehrern an Ansehen!«? Gibt es einen Menschen, den Sie für seine Motivationskünste bewundern? Wie geht dieser Mensch vor?

9

EASY! -Analyseergebnis:

Treffen Sie jetzt Ihre Entscheidung:
☐ Ich bin ein Weg-von-Motivator.
☐ Ich bin ein Hin-zu-Motivator.
☐ Ich kann mich und andere auf unterschiedliche Art motivieren.

EASY!-Strategie:

Bauen Sie Ihr Talent aus

Zu jeder Regel gibt es eine Ausnahme. Bisher habe ich Sie immer gebeten, Ihr Talent zu entdecken und zunächst einmal dieses Talent zu entfalten und zu entwickeln. Bei der Motivations-Kompetenz ist der Fall etwas anders gelagert: Sie sollten versuchen, die Hin-zu- und die Weg-von-Motivation zu beherrschen.

Der Grund: Es geht oft darum, andere Menschen zu motivieren. Und jeder Mensch ist einzigartig. Es existieren verschiedene Motivationstypen. Wenn Sie nun nur als Schmerzvermeider oder nur als Freudeverursacher handeln, droht die Gefahr, dass es Ihnen misslingt, den jeweils anderen Typus zu motivieren:

- ❑ Als Weg-von-Motivator verschrecken Sie die Menschen, die die positive Verstärkung brauchen.
- ❑ Als Freudeverursacher finden Sie keinen Zugang zu denjenigen, bei denen der Schmerzhebel die größere Wirkung zeigt.

Das bedeutet:
- ❑ Wenn Sie zu den Weg-von-Motivatoren zählen oder zu den Hin-zu-Motivatoren, arbeiten Sie zunächst einmal an Ihrem dominierenden Talent. Dann aber legen Sie bitte genauso viel Wert darauf, die andere Talentausprägung auszubauen.
- ❑ Setzen Sie Ihr Talent für die Selbstmotivation ein.
- ❑ Bei der Fremdmotivation – also der Motivation anderer Menschen – sollten Sie Ihre Fähigkeiten an dem Charakter und der Mentalität des Menschen ausrichten, den Sie motivieren wollen. Hier brauchen Sie also beide Talente!

Strategietipps für die Selbstmotivation des Weg–von–Motivators

Tipp 1: Sie neigen bekanntlich dazu, sich die negativen Konsequenzen Ihres Verhaltens auszumalen. Achten Sie darauf, sie nicht in zu düsteren Farben zu malen, denn sonst verkrampfen Sie.

Tipp 2: Wenn Sie sich zu einer Verhaltensveränderung motivieren wollen, schließen Sie einen Vertrag mit sich selbst und beschreiben Sie dort die negativen Konsequenzen Ihres bisherigen Verhaltens.

Strategietipps für die Selbstmotivation des Hin–zu–Motivators

Tipp 1: Motivieren Sie sich mit positiven Zielsetzungen und Visionen.

Tipp 2: Sie kennen das Bild, auf dem ein Esel zu etwas bewegt wird, indem ihm der Mensch – auf seinem Rücken sitzend – eine Mohrrübe vor die Nase hält. Wie sieht Ihre Mohrrübe aus?

Strategietipps für die Fremdmotivation

Tipp 1: Legen Sie Flexibilität an den Tag: Finden Sie heraus, zu welchem Motivationstyp der Mensch gehört, den Sie zu etwas bewegen wollen. Benötigt er Geld und Ruhm, will er Anerkennung und Macht?

Tipp 2: Wenn Sie sich sicher sind, mit welchem Motivationstyp Sie es zu tun haben, treten Sie als Schmerzvermeider oder als Freudeverursacher auf.

9

Fazit Ich möchte in erster Linie folgende Strategietipps nutzen:

EASY!-Yin-und-Yang-Prinzip:

Rechnen Sie damit, dass Ihre Weiterentwicklung anderen Menschen ein Dorn im Auge ist

Viele Menschen sind zufrieden mit dem, was sie erreicht haben, sie wollen sich nicht mehr fortbilden und noch weiter vorankommen. Wenn der Wunsch oder die Forderung nach Veränderung an sie herangetragen wird oder wenn sie sehen, dass sich andere Menschen in ihrem Umkreis weiterentwickeln, entpuppen sie sich als Anhänger des berühmt-berüchtigten Dreisatzes: »Das haben wir schon immer so gemacht«, »Das klappt doch nie« und »Veränderung ja – aber bitte nicht bei mir und in meinem Bereich«.

Sie müssen also damit rechnen, dass eine »dunkle Seite« Ihres Willens, Ihre Talente kontinuierlich auszubilden, darin besteht, dass Sie den Neid einiger Ihrer lieben Mitmenschen auf sich ziehen.

Nicht jeder bringt die Flexibilität auf, sich permanent auf Veränderungen einzulassen. Das mag ja auch so in Ordnung sein – problematisch wird es allerdings dann, wenn die unflexiblen Bewahrer Ihnen das Recht neiden oder gar absprechen, sich zu entwickeln.

Überlegen Sie, ob es notwendig und sinnvoll ist, diese Menschen zu überzeugen und auf Ihrem Weg mitzunehmen – oder ob Sie sie links liegen lassen und ruhig und konsequent Ihren Weg verfolgen sollten. Im schlimmsten Fall verlieren Sie so auch einmal einen Kameraden, guten Kollegen oder Freund.

Wie gehen Sie damit um, dass es Neider, Nörgler und Stichler gibt, die nicht verstehen und akzeptieren können, dass Sie sich stetig weiterentwickeln möchten?

9

EASY!-Handlungsplan zur Kompetenz »Motivation«

Sie kennen nun Ihr Motivationstalent. Jetzt können Sie wieder einmal die Umsetzung in Angriff nehmen.

Für die Selbstmotivation gilt: Ich bin ein
- ☐ Weg-von-Motivierer
- ☐ Hin-zu-Motivierer

und werde mein Talent entfalten, indem ich (siehe auch die EASY!-Strategietipps) meine Stärken stärke:

... und meine Schwächen kompensiere:

Bezüglich der Fremdmotivation stärke ich beide Talente, indem ich:

Meine ersten Schritte zur Zielerreichung bestehen darin, folgende
Aktivitäten umzusetzen:

Nr.	Aktivität	wann	erl.
1			
2			
3			
4			
5			

9

Um Hindernisse zu überwinden, werde ich:

Sind Sie ein Spaßversteher

oder ein Sinnvogel?

EASY!-Einleitung:

Spaßversteher oder Sinnvogel

Entscheiden Sie über Ihr Talent:
Können Sie über sich selbst lachen und staunen?

Wissen Sie, was »romantische Ironie« ist? Wenn in einem Theaterstück oder einem Roman plötzlich eine Figur den Inhalt der »eigenen« Handlung auf die Schippe nimmt, ein wenig verspottet, ein bisschen in Frage stellt – dann nennt man das romantische Ironie.

Die romantische Haltung entsteht aus dem Zwiespalt zwischen idealer Vorstellung – »So könnte es sein!« – und der Wirklichkeit: »So ist es wirklich!«. Sie erheben sich über die eigenen Schwächen und Unfähigkeiten. Sie können über sich selbst lachen, sich selbst nicht so wichtig nehmen. Oder Sie wissen zumindest, dass man sich selbst nicht so wichtig nehmen sollte. »Shit happens« – das ist die Lebenseinstellung des Spaßverstehers.

Dem Spaßversteher fehlt zuweilen der nötige Ernst. Zumindest wirkt es nach außen so. Und das kommt im Umfeld nicht immer besonders gut an. Ganz anders der Sinnvogel: Selbst im unscheinbarsten Detail sucht er immer noch nach dem »tieferen Sinn« und grübelt darüber, welche Bedeutung die Tatsache, dass es – zum Beispiel – mit der Auftragserteilung nicht geklappt hat, für den Verlauf des Weltgeschehens hat. Sein Problem ist daher eher, dass das Umfeld ihm verbiesterten Ernst vorwirft.

Während der Spaßversteher dem Zwiespalt zwischen idealer Vorstellung und Wirklichkeit mit Humor und Witz begegnet, zieht sich der

Sinnvogel in seine Denkerklause zurück und vertieft sich in die Frage über den Sinn und Unsinn dieses Zwiespalts. Beide akzeptieren ihn also, gehen aber ganz anders mit ihm um.

Kennen Sie eine Person in Ihrem Umfeld, die Sie als Spaßversteher bezeichnen würden? Und wer kommt für Sie als Sinnvogel in Frage? Beschreiben Sie diese Personen:

EASY! -Entscheidungsfrage:

Entscheiden Sie sich jetzt:
- ☐ Ich bin ein Spaßversteher.
- ☐ Ich bin ein Sinnvogel.
- ☐ Ich weiß nicht so recht.

10

Sie sind sicher, dass Sie ein typischer Spaßversteher / Sinnvogel sind? Dann entwickeln Sie jetzt bitte Ihre EASY!-Strategie. Im anderen Fall machen Sie die EASY!-Analyse.

EASY! -Analyse:

Stellen Sie fest, wer Sie sind

Die Beurteilung anderer Menschen ist eine, die Sicht auf sich selbst eine andere Sache. Auch bei der EASY!-Living-Kompetenz »Persönlichkeit« gilt: Spaßversteher und Sinnvogel bilden zwei Möglichkeiten ab, mit dem Leben umzugehen. Sie sind mithin zwei Facetten ein und derselben Medaille. Sie sind jedoch zugleich Seelenverwandte, denn jeder trägt auch Anteile der jeweils anderen Persönlichkeitsstruktur in sich. EASY! bedeutet nicht Schwarzweißmalerei. EASY! bedeutet immer, die dominierende Talentausprägung einer Kompetenz festzustellen und zunächst einmal diese auszubauen.

Gehen Sie wieder einmal auf eine Party

Im Freundeskreis oder unter Verwandten geben wir Menschen uns häufig so, wie wir sind. Wir müssen keine Rücksichten nehmen, wie dies zuweilen im Beruf (manchmal auch in der Familie) notwendig ist.

- Achten Sie einmal bewusst darauf, zu welchen Themen Sie von Ihren Freunden, Bekannten oder Verwandten angesprochen werden: Sind es die eher heiter-besinnlichen oder die ernsthaft-nachdenklichen?
- Worüber reden Sie selbst gerne? Welche Themen sprechen Sie an, welche Wendung geben Sie der Unterhaltung?
- Wenn die Gespräche stets im Unverbindlichen stecken bleiben und sich nur ums Wetter und den Sport drehen: Welche Themen vermissen Sie? Vervollständigen Sie den Satz: »Heute Abend hätte ich gerne einmal gesprochen über ...!«

Erzählen Sie einen Witz über sich selbst

Sie haben fünf Minuten Zeit: Überlegen Sie, welchen Witz Sie über sich selbst erzählen möchten – das kann auch ein Erlebnis oder eine Erfahrung sein, die Sie in Ihrem Leben gemacht haben. Erzählen Sie diesen Witz allen möglichen Menschen – und sprechen Sie anschließend darüber, was dieser Witz nach der Meinung Ihrer Gesprächspartner über Sie, Ihre Persönlichkeit und Ihre Einstellung zum Leben aussagt.

Schreiben Sie Ihre Ängste und Hoffnungen auf

Setzen Sie sich in Ruhe an einen Tisch und schreiben Sie auf, wovor Sie Angst haben. Beschäftigen Sie sich mit Ihren Nöten, Sorgen und Befürchtungen. Und dann gehen Sie die Frage von der anderen Seite an: Schreiben Sie auch Ihre Hoffnungen und Erwartungen, Ihre Träume und Visionen auf. Welche Rückschlüsse lassen Ihre Notizen zu bezüglich der Frage, ob Sie eher ein Spaßversteher oder ein Sinnvogel sind?

EASY! -Analyseergebnis:

Wissen Sie nun über sich Bescheid?

☐ Ich bin ein Spaßversteher.
☐ Ich bin ein Sinnvogel.
☐ Ich verstehe Spaß, bin jedoch häufig mit Ernst bei einer Sache.

10

131

EASY!-Strategie:

Bauen Sie Ihr Talent aus

Mehr noch als bei allen anderen Kompetenzen ist es bei der »Persönlichkeit« wichtig, sich nicht zu verbiegen:

- Aus dem ironisch-satirisch veranlagten Humoristen, dem Spaßversteher, soll nicht um jeden Preis ein tiefsinniger Denker werden.
- Aus dem melancholisch-nachdenklichen Sinnvogel soll sich kein Clown entwickeln.

Trotzdem sollten Sie bei der Talententwicklung darauf achten, den »anderen Anteil« nicht aus den Augen zu verlieren. Denn zu groß ist die Gefahr, dass sich der Spaßversteher zum Spaßvogel entwickelt, den niemand mehr ernst nehmen kann – auch er selbst nicht. Ähnliches gilt für den Sinnvogel, der zum bigotten Sinnsucher wird, wenn er in der Tiefsinnigkeit und Ernsthaftigkeit versinkt.

Strategietipps für den Spaßversteher

Tipp 1: Wenn Sie sich über den Widerspruch zwischen idealer Vorstellung und Wirklichkeit erhoben haben, versuchen Sie dennoch, ihn aufzulösen. Es lohnt sich, die Dinge zu verändern.

Tipp 2: Nutzen Sie Ihre Einstellung, um in schwierigen Situationen Optimismus zu verbreiten und anderen Menschen Mut zu machen.

Tipp 3: Bedenken Sie, dass der humorvolle oder gar satirische Blick auf die Dinge des Lebens von anderen Menschen als Zynismus missverstanden werden kann. Achten Sie darauf, dass Ihr Lachen über sich selbst nie in Bitterkeit umschlägt.

Notieren Sie Ihren persönlichen Strategietipp:

Strategietipps für den Sinnvogel

Tipp 1: Nutzen Sie bei Schwierigkeiten Ihre Ernsthaftigkeit, um einen anderen Menschen oder Ihr Team auf die Problemlösung zu fokussieren.

Tipp 2: Scheuen Sie sich nicht, den Finger in die Wunde zu legen und darauf aufmerksam zu machen, dass nicht immer alles »eitel Sonnenschein« ist.

Tipp 3: Hüten Sie sich vor Pessimismus. Nutzen Sie jede Gelegenheit, auch einmal über sich selbst zu lachen.

Wie lautet Ihr persönlicher Strategietipp?

Hinweise für den Sinn suchenden Spaßversteher und den humorvollen Sinnvogel

Nutzen Sie alle Tipps. Ganz wichtig: Sowohl Spaßversteher als auch Sinnvogel sollten in der Lage sein, über sich selbst und das Leben ein wenig zu lachen. Der Spaßversteher muss seine ernsthafte Seite, der Sinnvogel seine humorvolle Seite stärken.

10

Fazit

Überlegen Sie: Für mich sind vor allem folgende Strategietipps von Nutzen:

EASY! -Yin-und-Yang-Prinzip:

Beachten Sie, dass die Schärfung Ihres Persönlichkeitsprofils zu Verletzungen führen kann

»Das Wichtigste ist, dass man dem Blick, der einen Menschen aus dem Spiegel trifft, standhalten kann, ohne die Augen niederschlagen zu müssen.« – Dieser Ausspruch wird dem irischen Schriftsteller und Philosophen Patrick Baker zugeordnet.

Stillstand in der persönlichen Weiterentwicklung kann von Nachteil sein, aber eine zu intensive Schärfung des Persönlichkeitsprofils ebenso. Denn wer sein Profil über die Maßen schärft, kann andere und sich selbst verletzen. Nicht umsonst spricht man davon, dass eine Persönlichkeit »Ecken und Kanten« hat. Wer eine Ausprägung überspitzt ausbildet, droht damit andere vor den Kopf zu stoßen. Wer zum Beispiel immer ungeschminkt die Wahrheit sagt, vergisst leicht, dass die Wahrheit wehtun kann. Manchmal ist es besser, eine Wahrheit für sich zu behalten und seinen Ruf als jemand, der kein Blatt vor den Mund nimmt, nicht noch mehr auszubauen.

Es gibt die Meinung, man solle in seine Persönlichkeitsentwicklung nicht aktiv eingreifen, denn es drohe immer die Gefahr der Manipulation und Beeinflussung. Andererseits: Was ist schlimm daran zu betonen, dass man Profil hat und sich von anderen Menschen unterscheidet – und dies dann auch bewusst vorantreibt, die Unterschiede also noch stärker herausarbeitet?

Die Kanten zum Anstoßen und die Ecken zum Festhalten in Ihrem Persönlichkeitsprofil schärfen und noch stärker herauspräparieren – das erfordert oftmals Mut und Ausdauer. Und manchmal sind dieser Mut und diese Ausdauer notwendig, um in brenzligen Situationen ganz man selbst zu sein und zu sich selbst zu stehen.

Wichtig ist immer: Können Sie sich im Spiegel in die Augen schauen?

10

EASY! -Handlungsplan zur Kompetenz »Persönlichkeit«

Sie wissen nun, welcher Persönlichkeitstyp Sie sind. Was bedeutet das für die Umsetzung Ihrer Strategien?

Ich bin ein
- ☐ Spaßversteher
- ☐ Sinnvogel
- ☐ Mischtyp

und werde mein Talent entfalten, indem ich (siehe auch die EASY!-Strategietipps) meine Stärken stärke:

... und meine Schwächen kompensiere:

Um meine Ziele zu erreichen, werde ich zuerst Folgendes tun:

Nr.	Aktivität	wann	erl.
1			
2			
3			
4			
5			

Mein erster Umsetzungsschritt ist:

10

Ab in die
EASY!-Umsetzung

Gehen Sie vor auf Los!

Die erste Kompetenz, die Sie in bei EASY! Living kennen gelernt haben, war die Handlungsenergie. Und das nicht umsonst. Ohne Ihre Aktivität, ohne Ihre Gestaltungs- und Handlungskraft bleiben alle Tipps und Informationen, die Sie bisher gelesen haben, reine Theorie, Makulatur, reif für den Papierkorb. Denn eine Verhaltens- oder gar Einstellungsveränderung ohne praktische Umsetzung gibt es nicht.

Darum: Arbeiten Sie mit diesem Buch, setzen Sie immer wieder neue Prioritäten, gehen Sie Schritt für Schritt vor, fragen Sie sich, welche Kompetenzen, welches Talent Sie verbessern wollen oder müssen – etwa, weil eine neue Herausforderung oder Aufgabe auf Sie zukommt. Heute und morgen, übermorgen und in der nächsten Woche, im nächsten Jahr oder in fünf, ja gar in zehn Jahren: Ihre Kompetenzerweiterung ist eine unendliche Geschichte.

Nutzen Sie die EASY!-Norm auch für die Umsetzung

Sie machen sich das Leben unnötig schwer, wenn Sie sich jetzt lediglich sagen, dass Sie einige interessante und bedenkenswerte Dinge erfahren haben – aber erst dann in die Umsetzung gehen wollen, wenn Sie mal Zeit oder Lust dazu haben. Das ist das sicherste Mittel, damit nichts geschieht. Machen Sie es sich leicht, wenden Sie die EASY!-Norm auch auf die Umsetzung an und aktivieren Sie die Handlungsimpulse, die bereits vorhanden sind und die Sie sich schon erarbeitet haben:

- Gehen Sie planvoll vor nach dem Fünfschritt Einleitung / Entscheidung – Analyse – Strategie – Yin und Yang – Handlungsanleitung.
- Nutzen Sie die Aktivitätenpläne, die Sie am Ende einer jeden Kompetenz erstellt haben.

▫ Setzen Sie diese Aktivitäten möglichst rasch um – was Sie nicht innerhalb von 48 Stunden angehen, bleibt aller Erfahrung nach für immer und ewig liegen.

Nutzen Sie die EASY!-Norm für IHRE Kompetenzfestlegungen

In der Einführung zu diesem Buch haben Sie schon einmal die Frage beantwortet, ob Sie eine und welche Kompetenz Sie vermissen. Nachdem Sie jetzt genau wissen, welche konkreten Arbeitsschritte sich aus der EASY!-Norm ableiten, können Sie EASY! auf die Kompetenzen anwenden, die Sie selbst festlegen:

▫ Legen Sie die für Sie wichtigste hier fehlende Living-Kompetenz fest und beschreiben Sie sie so exakt wie möglich.
▫ Über welches Talent verfügen Sie, um diese Kompetenz zu aktualisieren?
▫ Wenn Sie dies nicht eindeutig wissen: Wie können Sie erkennen, über welches Talent Sie verfügen? Beziehen Sie Ihren Partner, Ihre Familie, Freunde, Kollegen und Mitarbeiter mit ein.
▫ Welche Möglichkeiten – oder Strategien – gibt es, damit Sie Ihre Stärken stärken können?
▫ Stellen Sie einen Handlungs- und Umsetzungsplan auf, in dem Sie die ersten Schritte und Aktivitäten festlegen – und dann gehen Sie auf Los!

Natürlich ist es schwieriger, diese Schritte für Kompetenzen zu gehen, die in diesem Buch nicht beschrieben werden. Gerne helfen mein Team und ich Ihnen weiter. Darum stellen wir uns auf den nächsten Seiten etwas ausführlicher vor.

Über den Autor

Ardeschyr Hagmaier hat sich dem Erfolg verschrieben – dem Veränderungserfolg von Leistungsträgern. Seit zehn Jahren ist er als Trainer, Coach, Trainer-Ausbilder, Vortragsredner und Buchautor tätig. Sein Buch *Ente oder Adler* ist bereits ein Bestseller. Hagmaier berät, coacht und motiviert die Führungselite deutscher und internationaler Unternehmen. Seine einschlägige Praxiserfahrung holte er sich in mehr als 20-jähriger Tätigkeit im Vertrieb und Key-Account-Management namhafter Unternehmen. Er ist Entwickler der EASY!-Trainings- und Coachingmethode.

In seinen Vorträgen und Seminaren begeistert er seine Zuhörer, weil er komplexe Sachverhalte praxisnah, bildhaft und umsetzbar präsentiert. Dabei muss es nicht immer todernst zugehen: Mit Business-Comedy hat Ardeschyr Hagmaier eine ebenso humoristische wie wirkungsvolle Verbindung zwischen Unterhaltung und Coaching geschaffen.

Zu seinen Kunden gehören:
AOK, Allianz, AMWAY, BayWa AG, BONDUELLE GmbH, Ernst & Young AG, DZ-Bank AG, DVAG, Edeka, Deutsche Bahn AG, Best Western Hotel, Bauking, ENBW – Thermogas, FG Finanz Service, Hansetrans Holding GmbH, HelfRecht, HomeTrend, Jung Pumpen, Nord LB, MAN, Roland Druckmaschinen AG, Taunus-BKK, Plansecur Management GmbH, Ruthmann GmbH, Swatch Deutschland, Steffel Unternehmensgruppe, Sparkassen und Volksbanken (Div.), Sony Deutschland GmbH, Union Investment AG u.v.m.

Die EASY! – Trainings- und Coachingmethode:
Passend zu der EASY!-Buchserie hat Ardeschyr Hagmaier ein Trainings-
und Coachingkonzept entwickelt, das eine einfache Umsetzung sowie
die individuelle Anpassung der EASY!-Kompetenzen garantiert.

Weitere Informationen hierzu erhalten Sie unter:
www.easy-thinking.com
Getreu dem Motto: *Weil einfach einfach einfacher ist.*

Kontakt:

Ardeschyr Hagmaier
Rostocker Str. 13
68766 Hockenheim

Tel: 00496205/955757
E-Mail: mail@ardeschyr-hagmaier.de
Internet: www.easy-thinking.de

Über den Illustrator

Timo Wuerz hat das Zeichnen im Blut. Er kann
nicht anders und wundert sich immer noch,
das machen zu können, was er liebt, und dafür
bezahlt zu werden: über zwei Dutzend Comics
und Bücher, weltweit Aufträge für Architektur,
Briefmarken, CD-Cover, Corporate Design, Filme,
Snowboards, Poster und Spielzeug, die Gestal-
tung von Themenpark-Attraktionen und alles,
was für ihn neu ist und sein Interesse weckt.

Seine Arbeiten sind in mehreren Museen zu sehen und ein paar inter-
nationale Preise hat er auch.

www.timowuerz.com